WALLACE D. WATTLES

# A CIÊNCIA DE FICAR RICO



COM PREFÁCIO E COMENTÁRIOS DE PAULO VIEIRA

Gente editora

**Título original**
Humility: The Science of Getting Rich
**Tradução**
Anália Mendonça
**Diretora**
Rosely Boschini
**Gerente Editorial**
Rosângela de Araujo Pinheiro Barbosa
**Editora Júnior**
Natália Domene Alcaide
**Assistente Editorial**
Mariá Moritz Tomazoni
**Produção Gráfica**
Fábio Esteves
**Revisão**
Gabriela Alencar
Lucas Reis
Rívia Lima
Vero Verbo
**Coordenação editorial**
Gabriela Alencar
Ana Carolina Coutinho
**Capa e diagramação**
Felipe Magno
**Imagem de capa**
Shutterstock
**Adaptação de capa e miolo**
Plinio Ricca
**Impressão**
Rettec

**CARO(A) LEITOR(A),**
Queremos saber sua opinião sobre nossos livros. Após a leitura, siga-nos no **linkedin.com/company/editora-gente**, no TikTok **@EditoraGente** e no Instagram **@editoragente** e visite-nos no site **www.editoragente.com.br**. Cadastre-se e contribua com sugestões, críticas ou elogios.


Rua Natingui, 379 – Vila Madalena
São Paulo, SP – CEP 05443-000
Telefone: (11) 3670-2500
Site: www.editoragente.com.br
E-mail: gente@editoragente.com.br

Dados Internacionais de Catalogação na Publicação (CIP)
Angélica Ilacqua CRB-8/7057

Wattles, Wallace Delois, 1860-1911

A ciência de ficar rico / Wallace Delois Wattles com prefácio e comentários de Paulo Vieira. -- São Paulo : Editora Gente, 2024.

144 p.

ISBN 978-65-5544-440-7

Título original: Humility: The Science of Getting Rich

1. Sucesso 2. Riqueza I. Título II. Vieira, Paulo

23-6642 CDD 158.1

Índice para catálogo sistemático:

1. Sucesso

## NOTA DA PUBLISHER

O sonho de enriquecer e alcançar a prosperidade é, talvez, o sonho mais comum ao redor do mundo, uma chama universal que transcende fronteiras e culturas. O desejo de uma vida abundante e próspera nos impulsiona a superar desafios, a sonhar além do que os olhos podem ver, e alimenta a esperança e a determinação em cada passo que damos em nossa jornada. Apesar de ser um sonho coletivo, são poucas as pessoas que conseguem, de fato, alcançá-lo. Para todas as outras, a mesma pergunta paira em suas mentes: *Como?*

Todos nós conseguimos pensar em grandes nomes que descobriram como responder a essa pergunta, mas sempre pensamos neles como exceções. Por isso admiro tanto o Paulo Vieira. Autor best-seller e um grande amigo, ele não só descobriu como alcançar a prosperidade e a abundância, mas transformou em propósito pessoal disseminar esse conhecimento valioso e ajudar tantas outras pessoas a seguirem pela mesma jornada de sucesso.

Seguindo esse propósito, agora ele recupera esse clássico atemporal escrito por Wallace D. Wattles, que um século atrás conseguiu traduzir de maneira brilhante as leis que regem o processo de enriquecimento, e o engrandece ainda mais. Com sua expertise, experiência e visão, Paulo adiciona novas camadas a esta obra inspiradora, tornando-a ainda mais brilhante e relevante para os desafios contemporâneos.

Este livro será uma bússola valiosa para guiar você, leitor, nesta jornada de transformação financeira cujo destino é uma vida marcada por prosperidade e abundância. Convido você a se entregar a essas páginas e absorver as lições poderosas que abrirão portas para a realização de seus sonhos. Que a sua jornada para a riqueza comece na próxima página.

**Rosely Boschini**
CEO e Publisher da Editora Gente

# SUMÁRIO

# PREFÁCIO À PRIMEIRA EDIÇÃO

Este livro é pragmático, não filosófico; um manual prático, não um tratado sobre teorias. Destina-se a homens e mulheres cuja necessidade imediata é de dinheiro; que desejam ficar ricos primeiro e filosofar depois. É para aqueles que, até agora, não encontraram tempo, meios nem oportunidade para aprofundar o estudo da metafísica, mas que desejam resultados e estão dispostos a tomar as conclusões da ciência como base para a ação, sem entrar em todos os processos pelos quais essas conclusões foram alcançadas.

Espera-se que o leitor tome as declarações fundamentais com fé, assim como faria declarações a uma lei da Eletricidade se fossem promulgadas por um Marconi ou um Edison; e, tomando as declarações com fé, ele provará sua verdade agindo sobre elas sem medo ou hesitação. Todo homem ou mulher que fizer isso certamente ficará rico, pois a ciência aqui aplicada é uma ciência exata, e o fracasso é impossível. Para o benefício, porém, daqueles que desejam investigar teorias filosóficas e assim assegurar uma base lógica para a fé, citarei aqui algumas autoridades.

A Teoria Monista do universo — a teoria de que "Um é Tudo, e que Tudo é Um", e essa única substância se manifesta como os aparentes muitos elementos do mundo material — é de origem hindu e vem gradualmente ganhando espaço no pensamento do mundo ocidental há 200 anos. É o fundamento de todas as filosofias orientais e das de Descartes, Spinoza, Leibnitz, Schopenhauer, Hegel e Emerson. O leitor que quiser ir à fundo nos fundamentos filosóficos apresentados é aconselhado a ler Hegel e Emerson por si mesmo.

Ao escrever este livro, sacrifiquei todas as outras considerações à clareza e à simplicidade de estilo, para que todos pudessem entender. O plano de ação aqui estabelecido foi deduzido das conclusões da filosofia; foi exaustivamente testado e suporta o teste supremo da experiência prática; funciona. Se você deseja saber como chegaram às conclusões, leia os escritos dos autores mencionados anteriormente, e se você deseja colher os frutos de suas filosofias na prática, leia este livro e faça exatamente o que ele lhe diz para fazer.

**O autor**

# PREFÁCIO À NOVA EDIÇÃO

Se você tivesse em sua frente uma mala com R$ 1 milhão, outra com R$ 500 mil e um guia para prosperar, o que você escolheria? Você pode estar pensando agora: "É claro que é a de R$ 1 milhão"; porém, gostaria de dizer que você não poderia tomar decisão mais equivocada.

Ponha amor em minhas palavras: tornar-se rico não acontece do dia para a noite. Demorei 30 anos da minha vida para iniciar uma verdadeira revolução na minha mentalidade e nas minhas finanças, o que me trouxe até aqui, mas isso não aconteceu porque escolhi seguir pelo caminho mais fácil, e sim pelas escolhas ousadas que me tornaram o que sou hoje. Por isso, a segunda opção pode parecer a escolha não adequada no momento, mas, com certeza, é aquela que levará você a lugares nunca antes imaginados.

É nessa perspectiva que o livro clássico *A ciência de ficar rico* de Wallace D. Wattles, escrito há mais de 100 anos, ainda se mostra relevante e traz ensinamentos que ultrapassam as barreiras do tempo. Ele não incentiva uma escolha fácil, apesar de destinar-se a homens e mulheres cuja necessidade mais urgente é obter dinheiro. Ele traz, sim, a escolha ousada, em que o leitor é convidado a aprofundar-se para entender o funcionamento da verdadeira ciência de ficar rico, se apropriar disso e começar a colocar sua vida nos trilhos da prosperidade.

Com o avançar da leitura, você vai perceber que este não é um livro de sofismas ou enrolação, mas sim o resultado das observações empíricas do autor, que começam a tocar profundamente em muitos hábitos que cultivamos no dia a dia, como o fato de não entender que o problema não está na falta de dinheiro, mas nas crenças financeiras que tornam sua vida escassa. Lembre-se desta frase: a única coisa que nos separa de nossos objetivos é nossa capacidade de agir.

Por isso, digo com muito orgulho que este livro marca uma nova etapa da Febracis, na qual começaremos a publicar obras que, além de clássicas, trazem ensinamentos que não se perdem com o tempo e ainda ecoam como sabedoria atualmente. Não paro de pensar em como o princípio do "crescer e contribuir" está tão presente nesta obra, assim como deveria estar na vida do autor, ao propor que todos nós também chegássemos aonde ele chegou.

Essa é a metanoia que quero propor para você, uma transformação completa de sua mente por meio do conhecimento de grandes pessoas que já chegaram ao topo. Para começar a deixar seu legado no mundo, é preciso subir nas costas desses gigantes. Gostaria de convidar você a embarcar nessa jornada comigo.

Boa leitura!

**Paulo Vieira**

# CAPÍTULO 1

# O DIREITO DE SER RICO

O que quer que se diga em louvor à pobreza permanece o fato de que não é possível viver uma vida realmente completa ou bem-sucedida a menos que se seja rico. Nenhum homem pode atingir o topo com talento ou desenvolvimento de alma a menos que tenha muito dinheiro, pois, para desenvolver a alma e o talento, ele deve ter muitas coisas para esse fim, e ele não pode ter essas coisas a menos que tenha dinheiro para comprá-las.

Um homem se desenvolve em mente, alma e corpo fazendo uso das coisas, e a sociedade é tão organizada que o homem deve ter dinheiro para se tornar possuidor de coisas; portanto, a base de todo progresso para o homem deve ser a ciência de enriquecer.

O objetivo de toda vida é o desenvolvimento, e tudo o que vive tem direito inalienável a todo o desenvolvimento que for capaz de alcançar.

O direito do homem à vida significa seu direito de ter o uso livre e irrestrito de todas as coisas que possam ser necessárias ao seu pleno desenvolvimento mental, espiritual e físico; ou seja, seu direito de ser rico.

Neste livro, não falarei de riquezas de maneira figurada; ser realmente rico não significa estar satisfeito ou contente com pouco. Nenhum homem deve se contentar com pouco se é capaz de usar e desfrutar mais. O propósito da natureza é o avanço e o desenvolvimento da vida; e todo homem deve ter tudo o que pode contribuir para o poder, a elegância, a beleza e a riqueza de vida; contentar-se com menos é uma sina.

O homem que possui tudo o que deseja para viver toda a vida que é capaz de viver é rico; e nenhum homem que não tenha muito dinheiro pode ter tudo o que deseja. A vida avançou tanto e tornou-se tão complexa que mesmo o homem ou a mulher mais comum precisa de uma grande quantidade de riqueza para viver de maneira que se aproxime da plenitude. Cada pessoa naturalmente quer se tornar tudo o que é capaz de ser. Esse desejo de realizar possibilidades inatas é inerente à natureza humana; não podemos deixar de querer ser tudo o que podemos ser.[1] O sucesso na vida é se tornar o que você quer ser; você pode se tornar o que deseja ser apenas fazendo uso das coisas, e só pode ter o uso livre das coisas quando se tornar rico o suficiente para comprá-las. Compreender a ciência de ficar rico é, portanto, o mais essencial de todos os conhecimentos.

Não há nada de errado em querer ficar rico. O desejo de riqueza é realmente o desejo de uma vida mais rica, plena e abundante; e esse desejo é digno de louvor. O homem que não deseja ter uma vida abundante é anormal; sendo assim, o homem que não anseia ter dinheiro suficiente para comprar tudo o que deseja também é anormal.

1. Precisamos compreender que não existe sucesso por acaso, assim como ninguém se mantém em uma vida medíocre ou fracassada por acidente. É muito cômodo acreditarmos que alguém se tornou rico ou próspero por casualidade e que suas derrotas também aconteceram por influência dos astros ou do carma. Acredito que, além das influências externas, podemos comandar o barco de nossa vida e escolher como e por quais mares navegar.

Existem três motivos pelos quais vivemos: vivemos para o corpo, vivemos para a mente e vivemos para a alma. Nenhum deles é melhor ou mais digno que o outro; todos são igualmente desejáveis, e nenhum dos três – corpo, mente ou alma – pode viver plenamente se qualquer um dos outros for cortado da vida e da expressão plena. Não é correto ou nobre viver apenas para a alma e negar a mente ou o corpo; e é errado viver para o intelecto e negar o corpo ou a alma.

Estamos todos familiarizados com as consequências repugnantes de viver para o corpo e negar tanto a mente quanto a alma; e vemos que a vida real significa a expressão completa de tudo o que o homem pode dar por meio do corpo, da mente e da alma. Independentemente do que se diga, nenhum homem pode ser realmente feliz ou satisfeito a menos que seu corpo esteja vivendo plenamente todas as funções[2] e que isso seja verdade para sua mente e sua alma. Onde quer que haja possibilidade não expressa ou função não desempenhada, há um desejo insatisfeito. O desejo é a expressão que busca a possibilidade ou a função que busca a performance.

2. Lembre-se do que está escrito na Bíblia, em Coríntios, no versículo 19: "Ou não sabeis que o vosso corpo é o templo do Espírito Santo, que habita em vós, proveniente de Deus e que não sois de vós mesmos?".

O homem não pode viver plenamente no corpo sem boa comida, roupas confortáveis e abrigo quente; sem se libertar do trabalho pesado. Descanso e lazer também são necessários para sua vida física.

O homem não pode viver plenamente na mente sem livros e tempo para estudá-los, sem oportunidade de viajar e observar ou sem companhia intelectual.

Para viver plenamente na mente, o homem deve ter recreações intelectuais e cercar-se de todos os objetos de arte e beleza que seja capaz de usar e apreciar. Para viver plenamente na alma, ele deve ter amor; e ao amor é negada a expressão pela pobreza.

A maior felicidade de um homem é encontrada na concessão de benefícios àqueles que ele ama; o amor encontra sua expressão mais natural e espontânea na doação. Aquele que não tem nada para dar não pode ocupar seu lugar como marido, pai, cidadão ou homem. É no uso das coisas materiais que o homem encontra vida plena para seu corpo, desenvolve sua mente e desdobra sua alma. Portanto, é de extrema importância para ele que seja rico.

É perfeitamente correto que você deseje ser rico; se você é um homem ou uma mulher normal, não pode deixar de fazê-lo. É perfeitamente correto que você foque na ciência de ficar rico, pois é o mais nobre e necessário de todos os estudos. Se você subestimar esse estudo, estará negligenciando seu dever para consigo mesmo, com Deus e com a humanidade; pois só é possível prestar algum serviço a Deus e à humanidade, se você der o máximo e o melhor de si mesmo.

## DIANTE DA LEITURA, RESPONDA:

1. Que fichas caem?

2. Que decisões você toma?

# CAPÍTULO 2

# EXISTE UMA CIÊNCIA PARA FICAR RICO

3. Na verdade, lugares certos podem, sim, torná-lo uma pessoa rica. Escrevo isso com base em dois conceitos que venho trabalhando em minhas pesquisas: ecossistema e contágio social.

Ecossistema é quando você está no lugar certo, com as pessoas certas, e obtém conhecimento e informação certas. Os lugares certos produzem experiências certas, e as experiências geram memórias, e essas memórias estabelecem crenças. Você jamais vai ver alguém fazendo sucesso no futebol fora do lugar certo, que é o clube. As pessoas só vão ver metanoia (ou seja, uma verdadeira transformação) e o melhor de seu potencial quando elas estiverem nesta trilogia: Lugares - Pessoas - Conhecimento. Já o contágio social é um processo de três passos em que os sentimentos de uma pessoa são transferidos para outra. O primeiro estágio envolve uma mímica inconsciente, durante a qual sutilmente copiamos os sinais não verbais uns dos outros, incluindo postura, expressões faciais e movimentos. A segunda trata-se da fase de feedback: como você imitou minha expressão triste, agora se sente triste. Por último, o compartilhamento faz com que suas experiências, emoções e comportamentos estejam sincronizados. Estar contagiado socialmente pode acontecer pela comunicação, pela presença frequente e pela intensidade emocional. Por

Há uma ciência para ficar rico - uma ciência exata, como a álgebra ou a aritmética. Existem determinadas leis que regem o processo de aquisição de riquezas; uma vez que essas leis sejam aprendidas e obedecidas por qualquer homem, ele ficará rico com certeza matemática.

A posse de dinheiro e propriedade vem como resultado de fazer as coisas da maneira certa; aqueles que fazem as coisas certas, seja de propósito, seja acidentalmente, ficam ricos, ao passo que aqueles que não fazem as coisas da maneira certa, não importa quanto trabalhem ou sejam capazes, permanecem pobres.

É uma lei natural que causas semelhantes sempre produzem efeitos semelhantes; portanto, qualquer homem ou mulher que aprenda a fazer as coisas dessa maneira inevitavelmente ficará rico.

A afirmação anterior é verdadeira e pode ser demonstrada pelos fatos a seguir.

Ficar rico não é uma questão de ambiente,[3] pois, se fosse, todas as pessoas nos bairros ficariam ricas; as pessoas de uma cidade seriam todas ricas, ao passo que as de outras cidades seriam todas pobres; ou os habitantes de um estado ficariam ricos, ao passo que os de um estado vizinho ficariam na pobreza.

Em todos os lugares, porém, vemos ricos e pobres vivendo lado a lado, no mesmo ambiente, e, muitas vezes, engajados na mesma vocação. Quando dois homens estão na mesma localidade e no mesmo negócio, e um fica rico e o outro permanece pobre, isso mostra que ficar rico não é, principalmente, uma questão de ambiente. Alguns ambientes podem ser mais favoráveis que outros, mas quando dois homens do mesmo negócio estão no mesmo bairro, e um fica rico e o outro fracassa, isso indica que ficar rico é o resultado de fazer as coisas da maneira certa.[4]

Além disso, a capacidade corretazer as coisas dessa maneira não se deve apenas à posse de talento, pois muitas pessoas que têm muito talento permanecem pobres, enquanto outras que têm pouco talento ficam ricas.

Estudando as pessoas que ficaram ricas, descobrimos que elas são um grupo médio em todos os aspectos, não têm mais talento e habilidades que outras pessoas. É evidente que elas não ficam ricas por conta do talento e das habilidades que outros homens não têm, mas porque fazem as coisas da maneira certa.

Ficar rico não é o resultado de economizar ou "poupar"; muitas pessoas que

isso, amigo, amiga, você precisa sair dos lugares errados! Óleo e água não se misturam. Abandone os lugares errados! Esse é o primeiro passo para seguir no caminho da riqueza.

4. Acredito que não apenas da maneira certa, mas com as pessoas certas e no tempo certo.

economizam são muito pobres, ao passo que outras que gastam livremente, muitas vezes, ficam ricas.

A questão não é ficar rico por fazer coisas que outros deixam de fazer; por vezes, duas pessoas fazem exatamente o mesmo trabalho, e um fica rico e o outro permanece pobre.

Por todas essas coisas, chegamos à conclusão de que ficar rico é o resultado de fazer as coisas da maneira certa.[5]

Se ficar rico é o resultado de fazer as coisas da maneira certa e se causas semelhantes sempre produzem efeitos semelhantes, então, qualquer homem ou mulher que faz as coisas dessa maneira pode ficar rico – e toda a questão é trazida para o domínio da ciência exata.

A questão que surge aqui é se esse Caminho Certo pode ser tão difícil que apenas alguns podem segui-lo. Isso não é verdade, como vimos, no que diz respeito à habilidade natural. Isso significa que pessoas talentosas ficam ricas e as cabeças-duras também; pessoas intelectualmente brilhantes ficam ricas e pessoas muito estúpidas também; pessoas fisicamente fortes ficam ricas, e pessoas fracas e doentes também.

5. No entanto, não basta fazer as coisas da maneira certa. Para que a riqueza se torne uma realidade em sua vida, é preciso combinar as pessoas certas e a velocidade correta para a ação.

Algum grau de habilidade para pensar e entender é, naturalmente, essencial, mas, no que diz respeito à capacidade natural, qualquer homem ou mulher que tenha o bom senso de ler e entender essas palavras certamente pode ficar rico.

Além disso, vimos que não é uma questão de ambiente. A localização tem importância para algo, mas ninguém iria ao coração do Saara e esperaria fazer negócios bem-sucedidos.

Enriquecer envolve a necessidade de lidar com homens e de estar onde há pessoas com quem lidar;[6] se essas pessoas estiverem inclinadas a lidar da maneira que você deseja, então, melhor. Se qualquer pessoa em sua cidade pode ficar rica, você também pode; e se mais alguém em seu estado pode ficar rico, você também pode.

Como já dito, não se trata de escolher um negócio ou uma profissão. Pessoas ficam ricas em todas as áreas, enquanto outras permanecem na pobreza.

É verdade que você se sairá melhor em um negócio de que goste e que lhe seja agradável; e se você tem certos talentos que são bem desenvolvidos, você terá mais sucesso em um negócio que exija o exercício dessas habilidades.

6. Lembre-se: você e eu somos produtos de nossos ecossistemas. Quando nosso principal objetivo é enriquecer, precisamos estar ao redor de pessoas que também compartilham de nosso objetivo, e isso acarreta a necessidade de lidar com elas. São essas conexões que vão fortalecer ainda mais sua metanoia e deixá-lo mais próximo da prosperidade.

Além disso, você se sairá melhor em um negócio adequado à sua localidade; por exemplo: uma sorveteria seria melhor aceita em uma região de clima quente que na Groenlândia e uma pescaria de salmão funcionaria melhor no noroestedos Estados Unidos que na Flórida, onde não há salmão.

Além dessas limitações gerais, ficar rico não depende de você se envolver em algum negócio específico, mas de aprender a fazer as coisas da maneira certa. Se você está em um negócio em sua localidade e não está ficando rico, mas outra pessoa que atua no mesmo negócio está alcançando a riqueza, isso significa que você não está fazendo as coisas da mesma maneira que ela.

Ninguém é impedido de ficar rico por falta de capital. É verdade que, à medida que você obtém capital, o aumento se torna mais fácil e rápido, mas quem tem capital já é rico e não precisa pensar em como se tornar um. Não importa quão pobre você seja, se você começar a fazer as coisas da maneira certa, você começará a ficar rico e, consequentemente, a ter capital.

A obtenção de capital faz parte do processo de enriquecimento; é uma parte do resultado que invariavelmente se segue ao fazer as coisas da maneira certa. Você pode ser o homem mais pobre do continente e estar profundamente endividado, você pode não ter amigos, influência ou recursos, mas se começar a fazer as coisas dessa maneira, você deve infalivelmente começar a ficar rico, pois causas semelhantes devem produzir efeitos semelhantes. Se você não tem capital, pode obter capital; se você está no negócio errado, pode entrar no negócio certo; se estiver no local errado, pode ir ao local certo; e você pode fazê-lo começando em seu negócio atual e em sua localização atual para fazer as coisas da maneira certa que causa sucesso.

## DIANTE DA LEITURA, RESPONDA:

1. Que fichas caem?

## 2. Que decisões você toma?

# CAPÍTULO 3

# A OPORTUNIDADE É MONOPOLIZADA?

Nenhum homem é mantido pobre porque a oportunidade lhe foi tirada, porque outras pessoas monopolizaram a riqueza e a cercaram. Você pode ser impedido de se envolver em certos ramos de negócio, mas existem outros canais abertos para você. Provavelmente seria difícil para você obter o controle de qualquer um dos grandes sistemas ferroviários; esse campo é muito bem monopolizado. O negócio de ferrovias elétricas, porém, ainda está engatinhando e oferece bastante espaço para empreendimentos, e levará apenas alguns anos até que o tráfego e o transporte aéreo se tornem uma grande indústria, o que gerará emprego a centenas de milhares, e talvez milhões, de pessoas em todos os seus ramos. Por que não voltar sua atenção para o desenvolvimento do transporte aéreo, em vez de competir com J. J. Hill e outros por uma chance no mundo das ferrovias a vapor?

É bem verdade que, se você for um operário a serviço da indústria do aço, terá pouca chance de se tornar o proprietário da fábrica em que trabalha; mas também é verdade que, se você começar a agir da maneira certa, em breve poderá deixar o emprego da siderúrgica, comprar uma fazenda de 10 a 40 acres e se envolver em negócios como produtor de alimentos. Há grande oportunidade nesse momento para homens que vivem em pequenas extensões de terra e as cultivam intensivamente; tais homens certamente ficarão ricos. Você pode dizer que é impossível conseguir a terra, mas eu vou lhe provar que não é e certamente você pode conseguir uma fazenda se trabalhar da maneira certa.

Em diferentes períodos, a maré de oportunidades toma diferentes direções de acordo com as necessidades do todo e o estágio particular de evolução social que foi alcançado. Atualmente, nos Estados Unidos, estão se voltando para a agricultura e as indústrias e profissões relacionadas. Hoje, a oportunidade está aberta para o operário de linha, assim como para o homem de negócios que abastece o agricultor, e não para o profissional que serve a classe operária.

Há abundância de oportunidades para o homem que vai com a maré, ao invés daquele que nada contra ela. Assim, os operários fabris, seja como indivíduos, seja como classe, não são privados de oportunidades. Os trabalhadores não estão sendo "reprimidos" por seus patrões, não estão sendo injustiçados pelos monopólios e combinações de capital. Como classe, eles estão no lugar em que estão porque não fazem as coisas da maneira certa. Se os trabalhadores estadunidenses decidissem fazê-lo, poderiam seguir o exemplo de seus irmãos na Bélgica e em outros países e estabelecer grandes armazéns e indústrias cooperativas; eles poderiam eleger homens da própria classe para cargos e aprovar leis que favorecessem o desenvolvimento de tais indústrias cooperativas; em poucos anos, eles poderiam tomar posse pacífica do campo industrial.

A classe trabalhadora pode se tornar a classe mestra sempre que começar a fazer as coisas da maneira certa. A lei da riqueza é a mesma para todos. Isso eles devem aprender; mas permanecerão onde estão enquanto continuarem a fazer o que fazem. O trabalhador individual, no entanto, não é reprimido pela ignorância ou pela preguiça mental de sua classe, ele pode seguir a maré da oportunidade para a riqueza, e este livro lhe dirá como.

Ninguém é mantido na pobreza por falta de riqueza; há mais do que suficiente para todos. Um palácio tão grande quanto o Capitólio de Washington poderia ser construído para cada família na Terra apenas com o material de construção dos Estados Unidos; e sob cultivo intensivo, o país produziria lã, algodão, linho e seda o suficiente para vestir cada pessoa no mundo melhor que as vestes de Salomão; com comida suficiente para alimentar a todos com fartura.

O suprimento visível é praticamente inesgotável e o suprimento invisível também. Tudo o que você vê na Terra é feito de uma Substância original, da qual todas as coisas procedem. Novas formas estão constantemente sendo feitas, e as mais antigas estão se dissolvendo, mas todas são formas assumidas pela Uma Coisa.

Não há limite para o fornecimento de Material Disforme ou substância original. O universo é feito disso, mas nem tudo foi usado para fazer o universo. Os espaços dentro, através e entre as formas do universo visível são permeados e preenchidos com a Substância Original, com o Material Disforme, com a matéria-prima de todas as coisas. Ainda podem ser criadas dez mil vezes mais coisas do que já foram feitas e mesmo assim não esgotaríamos o suprimento de matéria-prima universal. Nenhum homem, portanto, é pobre porque a natureza é pobre ou porque não há o suficiente para todos.

A natureza é um depósito inesgotável de riquezas;[7] a oferta nunca vai acabar. A Substância Original está viva com energia criativa e está constantemente produzindo mais formas. Quando o suprimento do material de construção esgotar, mais será produzido; quando

7. Cf. João 10:10.

o solo estiver exausto, de modo que alimentos e materiais para vestuário não mais cresçam nele, ele será renovado ou mais solo será feito. Quando todo o ouro e prata tiverem sido extraídos da terra, se o homem ainda estiver em tal estágio de desenvolvimento social que precise de ouro e prata, mais vontade será produzida por meio do Material Disforme. A natureza responde às necessidades do homem; ela não o deixará ficar sem qualquer coisa boa.

Isso é verdade para o homem coletivamente; a raça como um todo é sempre abundantemente rica. Dessa forma, os indivíduos são pobres porque não seguem a maneira certa de fazer as coisas que os tornariam ricos. A matéria disforme é inteligente; é coisa que pensa. Ela está viva e é sempre impelida para mais vida.

É o impulso natural e inerente da vida procurar viver mais; é da natureza da inteligência ampliar-se e da consciência procurar estender seus limites e encontrar uma expressão mais completa. O universo das formas foi feito pela Substância Viva Disforme, lançando-se na forma para se expressar mais plenamente.

O universo é uma grande Presença Viva, sempre se movendo inerentemente em direção a mais vida e funcionamento mais pleno. A natureza é formada para o avanço da vida, seu motivo propulsor é o aumento da vida. Por isso, tudo o que pode servir à vida é abundantemente fornecido; não pode haver falta a menos que Deus se contradiga e anule as próprias obras.

Você não é mantido pobre por falta de suprimento de riquezas, é um fato que demonstrarei um pouco mais adiante. Mesmo os recursos de Fornecimento Disforme estão sob o comando do homem e da mulher que pensa e age da Maneira Certa.

## DIANTE DA LEITURA, RESPONDA:

1. Que fichas caem?

## 2. Que decisões você toma?

# CAPÍTULO 4

# O PRIMEIRO PRINCÍPIO NA CIÊNCIA DE FICAR RICO

O pensamento é o único poder que pode produzir riquezas tangíveis da Substância Disforme. A matéria da qual todas as coisas são feitas é uma substância que pensa, e um pensamento concreto nessa substância produz a forma.

A Substância Original se move de acordo com seus pensamentos; cada forma e processo que você vê na natureza é a expressão visível de um pensamento na Substância Original. Quando a Matéria Disforme pensa em uma forma, ela assume essa forma; quando pensa em um movimento, ela faz esse movimento. Foi assim que todas as coisas foram criadas. Vivemos em um mundo de pensamento, que é parte de um universo de pensamento. O pensamento de um universo em movimento se estendia por toda a Substância Disforme, e a Matéria Pensante movendo-se de acordo com esse pensamento tomou a forma de sistemas de planetas e mantém essa forma.

A Substância Pensante toma a forma de seu pensamento e se move de acordo com ele. Mantendo a ideia de um sistema circular de sóis e mundos, toma a forma desses corpos e os move conforme pensa. Pensando na forma de um carvalho de crescimento lento, ele se move de acordo e produz a árvore, embora séculos possam ser necessários para fazer o trabalho. Ao criar, o Disforme parece se mover de acordo com as linhas de movimento que estabeleceu; o pensamento de um carvalho não causa a formação instantânea de uma árvore adulta, mas põe em movimento as forças que produzirão a árvore ao longo de linhas de crescimento estabelecidas.

Todo pensamento de forma, mantido na Substância Pensante, causa a criação da forma, mas sempre, ou pelo menos geralmente, em linhas de crescimento e ação já estabelecidas.

O pensamento de uma casa de certa construção, se fosse impressa na Substância Disforme, poderia não causar a formação instantânea da casa, mas isso faria com que as energias criativas já atuantes no comércio fossem desviadas para tais canais que resultariam na rápida construção da casa. E se não existissem canais pelos quais a energia criativa pudesse trabalhar, então a casa seria formada diretamente da substância primordial, sem esperar pelos processos lentos do mundo orgânico e inorgânico.

Nenhum pensamento de forma pode ser impresso na Substância Original sem causar a criação dela. O homem é um centro pensante e pode originar o pensamento. Todas as formas que o homem modela com as mãos devem existir primeiro em seu pensamento; ele não pode moldar uma coisa até que tenha pensado naquela coisa.[8]

Até agora o homem limitou seus esforços inteiramente ao trabalho de suas mãos, aplicou o trabalho manual ao mundo das formas, procurando mudar ou modificar as já existentes. Ele nunca pensou em tentar causar a criação de novas formas imprimindo seus pensamentos na substância sem forma.

Quando o homem tem uma forma-pensamento, ele pega material das formas da

8. Guang Yue, psicólogo esportivo na Cleveland Clinic Foundation, realizou um experimento, em 2004, em que um grupo de pessoas imaginava exercitar exaustivamente seus bíceps cinco vezes por semana, por cerca de seis semanas. Essas pessoas apresentaram um aumento de 13,5% no tamanho do músculo e na força muscular, resultado que persistiu por três meses após o fim do experimento. O que aprendemos com isso? Que nossos pensamentos são verdadeiros aliados na conquista de nossos objetivos. Tudo o que acontece em sua vida ocorre antes na forma de pensamento, pois ele é a interface entre a comunicação e os sentimentos. E como utilizar isso a seu favor? Quando pensamos, duas estruturas internas de nosso cérebro são acionadas: narrativas internas e imagens mentais, que se apresentam em forma de visão de futuro, imaginação e/ou lembranças do passado. Ou seja, quanto mais você visualizar aquilo que quer alcançar, imaginar-se verdadeiramente no local em que deseja estar, estará a menos passos de alcançar de verdade.

Para ler o artigo, acesse: https://thebrain.mcgill.ca/flash/capsules/pdf_articles/Gaining_strength.pdf. Acesso em: 4 dez. 2023.

natureza e faz uma imagem da forma que está em sua mente. Ele tem, até agora, feito pouco ou nenhum esforço para cooperar com a inteligência sem forma; trabalhar "com o Pai". Ele não sonhou que pode "fazer o que vê o Pai fazer". O homem remodela e modifica as formas existentes pelo trabalho manual; ele não deu atenção à questão de saber se ele não pode produzir coisas da substância sem forma comunicando seus pensamentos a ela. Propomos provar que ele pode fazê-lo, demonstrar que qualquer homem ou mulher pode fazê-lo e mostrar como. Como nosso primeiro passo, devemos estabelecer três proposições fundamentais.

Em primeiro lugar, afirmamos que existe uma coisa original sem forma, ou substância, da qual todas as coisas são feitas. Todos os elementos aparentemente numerosos são apenas apresentações diferentes de um elemento; todas as muitas formas encontradas na natureza orgânica e inorgânica são apenas formas diferentes, feitas da mesma matéria. E são coisas do pensamento; um pensamento contido nele produz a forma do pensamento. O pensamento, na Substância Pensante, produz formas. O homem é um centro pensante, capaz de pensamento original; se ele pode comunicar seu pensamento à Substância Pensante original, ele pode causar a criação, ou formação, da coisa sobre a qual pensa. Para resumir isso: existe uma matéria pensante da qual todas as coisas são feitas e que, em seu estado original, permeia, penetra e preenche os interespaços do universo.

Um pensamento, nessa substância, produz a coisa que é imaginada pelo pensamento. O homem pode formar coisas em seu pensamento e, imprimindo seu pensamento na substância informe, pode fazer com que a coisa em que pensa seja criada. Pode-se perguntar se posso provar essas afirmações; e sem entrar em detalhes, respondo que posso fazê-lo, tanto pela lógica quanto pela experiência.

Raciocinando com base nos fenômenos da forma e do pensamento, chego a uma Substância Pensante original; e raciocinando com base nessa Substância Pensante, chego ao poder do homem de causar a formação da coisa sobre a qual ele pensa. E por experiência, acho o raciocínio verdadeiro; e esta é minha prova mais forte.

Se um leitor deste livro ficar rico ao seguir as orientações aqui dispostas, isso comprova minha afirmação; mas se todo homem que colocar em prática os ensinamentos ficar rico, isso é uma prova positiva até que alguém falhe depois de passar pelo processo. A teoria é verdadeira até que o processo falhe, mas esse processo não falhará, pois todos que fizerem exatamente o que este livro recomenda ficará rico. Eu disse que os homens ficam ricos fazendo as coisas demaneira certa; para isso, os homens devem tornar-se capazes de pensar da maneira certa.

O modo de um homem fazer as coisas é o resultado direto da maneira como ele pensa sobre as coisas.

Para fazer as coisas do modo que você deseja, você terá de adquirir a capacidade de pensar da maneira que deseja pensar; este é o primeiro passo para ficar rico.

Pensar o que você quer pensar é pensar a VERDADE, independentemente das aparências.

Todo homem tem o poder natural e inerente de pensar o que quer pensar, mas isso requer muito mais esforço do que pensar os pensamentos sugeridos pelas aparências. Pensar de acordo com a aparência é fácil; pensar a verdade independentemente das aparências é trabalhoso e requer o dispêndio de mais poder do que qualquer outro trabalho que o homem é chamado a realizar.

Não há trabalho do qual a maioria das pessoas se retraia como o do pensamento contínuo e consecutivo; é o trabalho mais difícil do mundo. Isso é especialmente verdadeiro quando a verdade é contrária às aparências. Cada aparição no mundo visível tende a produzir uma forma correspondente na mente que a observa; e isso só pode ser evitado mantendo o pensamento da VERDADE.

Olhar para a aparência da doença produzirá a forma da doença na própria mente e, finalmente, no corpo, a menos que você mantenha o pensamento da verdade, que não há doença; é apenas uma aparência, e a realidade é a saúde. Olhar para as aparências da pobreza produzirá formas correspondentes na própria mente, a menos que você se apegue à verdade de que não há pobreza, há apenas abundância.

Pensar em saúde quando cercado de aparências de doença ou pensar em riqueza em meio a aparências de pobreza requer poder, mas aquele que adquire esse poder torna-se um MasterMind.[9] Ele pode conquistar o destino, ele pode ter o que quiser.

9. MasterMind é o nome dado a um grupo de pessoas detentoras de habilidades únicas e complementares a cada um dos outros participantes e de interesse geral do grupo, que formam aliança com o intuito de alcançar o sucesso em algum objetivo específico. Os MasterMinds foram difundidos por Napoleon Hill no livro *A lei do triunfo*, em 1928, no qual ele apresenta o MasterMind como um dos grandes responsáveis pela criação de riqueza e construção de grandes negócios nos Estados Unidos. Posso comprovar os resultados que o autor apresentou há quase 100 anos em meu MasterMind, o Black Belt, que reúne um grupo seleto de pessoas unidas em um poderosíssimo contágio social durante um ano, compartilhando experiências, conceitos e tecnologias de alta performance. O processo de transformação proporcionado pela reunião dessas mentes faz com que todos se tornem novos indivíduos não apenas em suas áreas de destaque, mas também em áreas que julgavam não desempenharem em alta performance. Para saber mais sobre essa oportunidade, basta acessar: https://digital.febracis.com/blackbelt/. Acesso em: 4 dez. 2023.

Esse poder só pode ser adquirido apoderando-se do fato básico que está por trás de todas as aparências; e esse fato é que existe uma Substância Pensante, da qual e pela qual todas as coisas são feitas.

Então devemos compreender a verdade de que todo pensamento mantido nessa substância se torna uma forma e que o homem pode imprimir seus pensamentos nela de modo que os façam tomar forma e se tornem coisas visíveis.

Quando percebemos isso, esquecemos todas as dúvidas e medos, pois sabemos que podemos criar o que queremos, podemos obter o que queremos e podemos nos tornar o que queremos ser. Como primeiro passo para ficar rico, você, no qualeve acreditar nas três afirmações fundamentais dadas anteriormente neste capítulo e enfatizá-las. Repito-as aqui:

Existe uma matéria pensante da qual todas as coisas são feitas e que, em seu estado original, permeia, penetra e preenche os interespaços do universo.

Um pensamento, nessa substância, produz a coisa que é imaginada pelo pensamento.

O homem pode formar coisas em seu pensamento e, imprimindo seu pensamento na substância informe, pode fazer com que a coisa em que pensa seja criada.

Você deve deixar de lado todos os outros conceitos do universo, além desse monista; e você deve insistir nisso até que esteja fixado em sua mente e se torne um pensamento habitual. Leia essas declarações de credo repetidas vezes, fixe cada palavra em sua memória e pense nelas até que você acredite firmemente no que elas dizem. Se uma dúvida aparecer, ponha-a de lado como um pecado. Não dê ouvidos a argumentos contra essa ideia. Não vá a igrejas ou palestras onde um conceito contrário das coisas é ensinado ou pregado. Não leia revistas ou livros que ensinem uma ideia diferente. Se você se confundir em sua fé, todos os seus esforços serão em vão.

Não pergunte por que essas coisas são verdadeiras, nem especule como elas podem ser, simplesmente tome-as em confiança. A ciência de ficar rico começa com a aceitação absoluta dessa fé.

## DIANTE DA LEITURA, RESPONDA:

1. Que fichas caem?

______________________________________________

______________________________________________

______________________________________________

______________________________________________

______________________________________________

______________________________________________

2. Que decisões você toma?

______________________________________________

______________________________________________

______________________________________________

______________________________________________

______________________________________________

______________________________________________

______________________________________________

# CAPÍTULO 5

# ELEVANDO A VIDA

10. Gostaria de compartilhar com você uma visão cristã para essa passagem. No livro de Mateus 19:23, 24 está escrito: "Disse Jesus aos seus discípulos: Em verdade vos digo que é difícil entrar um rico no reino dos céus. E, outra vez vos digo que é mais fácil passar um camelo pelo fundo de uma agulha do que entrar um rico no reino de Deus". Qual é a primeira imagem que vem em sua mente ao ler esses versículos? Talvez você esteja pensando que é impossível que o rico chegue ao Céu. Bem, essa é uma visão bastante comum, até o momento em que você leva em consideração o contexto histórico da época, falamos de mais de 2 mil anos atrás! Naqueles tempos, as cidades eram muradas com portões grandes – para a passagem de animais, caravanas, exércitos, mercadorias etc. – e portões pequenos – para as pessoas. Dessa forma, para aumentar a segurança, somente os portões pequenos ficavam abertos à noite, e a esses portões dava-se o nome de "agulha", a qual o trecho bíblico se refere, e não à de costura. Incrível, não é mesmo? Os ricos possuíam muitos camelos e, sim, conseguiam passar por essas portas menores, mas isso era feito com muita dificuldade. Por isso, nessa lógica, é possível um rico entrar no reino dos céus, mas será algo mais difícil de se fazer, visto que uma pessoa assim é mais exposta ao materialismo e a se importar muito mais com o que os outros têm do que com o que há em seus corações. Ora, a mesma Bíblia nos afirma, em João 10:10, que Jesus veio a esta

Você deve se livrar do último vestígio da velha ideia de que existe uma divindade cuja vontade é que você seja pobre ou cujos propósitos podem ser servidos mantendo você na pobreza.[10]

A Substância Inteligente que é tudo, e em tudo, e vive em tudo e em você é uma substância conscientemente viva. Por ser uma substância conscientemente viva, deve ter a natureza e o desejo inerente de toda inteligência viva para o aumento da vida. Todo ser vivo deve buscar continuamente o aumento de sua vida, porque a vida, no mero ato de viver, deve aumentar a si mesma. Uma semente lançada ao solo põe-se em atividade e, no ato de viver, produz mais cem sementes; a vida, ao viver, se multiplica. É sempre tornar-se mais; deve fazê-lo, se continuar a sê-lo.

A inteligência está sob essa mesma necessidade de aumento contínuo. Cada pensamento torna necessário que tenhamos outro pensamento; a consciência está continuamente se expandindo. Cada fato que aprendemos nos leva ao conhecimento de outro caso; o conhecimento aumenta continuamente. Todo talento que cultivamos traz à mente o desejo de cultivar outro talento; estamos sujeitos ao impulso da vida, buscando expressão que sempre nos impele a saber mais, a fazer mais e a ser mais.

Para saber mais, fazer mais e ser mais, devemos ter mais; devemos ter coisas para usar, pois aprendemos, fazemos e nos tornamos apenas usando as coisas. Devemos ficar ricos para que possamos viver mais.

O desejo de riqueza é simplesmente a capacidade de uma vida mais ampla em busca de realização; todo desejo é o esforço de uma possibilidade não expressa de entrar em ação. É o poder buscando se manifestar que causa o desejo. O que faz você querer mais dinheiro é o mesmo que faz a planta crescer; é a vida buscando uma expressão mais completa.

A Única Substância Viva deve estar sujeita a essa lei inerente de toda vida, é permeada pelo desejo de viver mais; por isso, está sob a necessidade de criar coisas. A Substância Una deseja viver mais em você; portanto, ela quer que você tenha todas as coisas que pode usar.

É o desejo de Deus que você fique rico. Ele quer que você fique rico para se expressar melhor por meio de sua vida. Caso você deixe que Ele aja e se expresse por você, verá que Ele viverá mais em você e tornará seus meios de sobrevivência ilimitados.

- O universo deseja que você tenha tudo o que deseja ter.
- A natureza é amiga dos seus planos.

Terra para que tenhamos vida, e em abundância. Por isso prefiro crer que a pessoa que não compreender a sutil beleza e esperança desse texto nutre crenças financeiras de escassez fortes em relação ao valor que o dinheiro tem.

- Tudo é naturalmente para você.
- Decida que isso é verdade.

É essencial, entretanto, que seu propósito se harmonize com o objetivo que está em todos.

Você deve querer a vida real, não o mero prazer da gratificação sensual. A vida é a realização da função, e o indivíduo realmente vive apenas quando desempenha todas as funções – físicas, mentais e espirituais – das quais é capaz, sem excesso.

Você não quer ficar rico para viver porcamente, para a gratificação dos desejos animais; isso não é vida. Mas o desempenho de cada função física faz parte da vida, e ninguém que nega uma expressão normal e saudável aos impulsos do corpo vive completamente.

Você não quer ficar rico apenas para desfrutar de prazeres mentais, para obter conhecimento, para satisfazer a ambição, para ofuscar os outros, para ser famoso. Tudo isso é parte legítima da vida, mas o homem que vive apenas para os prazeres do intelecto terá apenas uma vida parcial e nunca ficará satisfeito com sua sorte.

Você não quer ficar rico apenas para o bem dos outros, perder-se pela salvação da humanidade, experimentar as alegrias da filantropia e do sacrifício. As alegrias da alma são apenas uma parte da vida, e não são melhores ou mais nobres que qualquer outra parte.

Você quer ficar rico para poder comer, beber e se divertir quando chegar a hora de fazer essas coisas; para se cercar de coisas belas, ver terras distantes, alimentar sua mente e desenvolver seu intelecto; para amar as pessoas e fazer coisas boas e ser capaz de desempenhar um bom papel em ajudar o mundo a encontrar a verdade.

Mas lembre-se de que o altruísmo extremo não é melhor nem mais nobre que o egoísmo extremo; ambos são erros.

Livre-se da ideia de que Deus quer que você se sacrifique pelos outros e que você pode garantir o favor dEle fazendo isso; Deus não requer nada disso.[11] O que Deus quer é que você aproveite ao máximo a si mesmo, por você e pelos outros; e você pode ajudar mais os outros fazendo o máximo de si mesmo do que de qualquer outra forma.

Você pode tirar o máximo de si mesmo ficando rico; por isso é correto e louvável que você dedique seu primeiro e melhor pensamento ao trabalho de adquirir riqueza.

Lembre-se, porém, de que o desejo da Substância é para todos, e seus movimentos devem ser por mais vida para todos; não pode ser feito para trabalhar por menos vida a ninguém, porque está igualmente em todos, buscando riquezas e vida.

A Substância Inteligente fará coisas para você, mas não tirará coisas de outra pessoa e as dará a você.

11. Na verdade, o que Deus busca é que você ame os outros assim como ama você mesmo, e isso não significa necessariamente sacrificar-se.

Você deve se livrar do pensamento de competição. Você deve criar, e não competir pelo que já foi criado.

Você não precisa tirar nada de ninguém.

Você não tem de conduzir barganhas afiadas.

Você não precisa trapacear ou tirar vantagem. Você não precisa deixar ninguém trabalhar para você por menos do que ele ganha.

Você não precisa cobiçar a propriedade dos outros ou olhar com olhos desejosos; ninguém tem nada que você não possa ter, e isso sem tirar o que ele tem.

Você deve se tornar um criador, e não um concorrente; você vai conseguir o que quer, mas de tal maneira que, quando você conseguir, todos os outros terão mais do que eles têm agora.

Estou ciente de que há homens que obtêm uma grande quantidade de dinheiro procedendo em oposição direta às declarações no parágrafo anterior, e posso acrescentar uma palavra de explicação aqui. Homens do tipo plutocrático, que se tornam muito ricos, às vezes o fazem puramente por sua extraordinária habilidade no plano da competição; às vezes eles se relacionam inconscientemente com a substância em seus grandes propósitos e movimentos para a edificação racial geral por meio da evolução industrial. Rockefeller, Carnegie, Morgan etc. foram os agentes inconscientes do Supremo no necessário trabalho de sistematização e organização da indústria produtiva; e, no final, seu trabalho contribuirá imensamente para aumentar a vida de todos. O dia deles está quase no fim; eles organizaram a produção e, logo, serão sucedidos pelos agentes da multidão, que organizarão a máquina de distribuição.

Os multimilionários são como os répteis monstruosos das eras pré-históricas; eles desempenham um papel necessário no processo evolutivo, mas o mesmo poder que os produziu os disporá. É bom ter em mente que eles nunca foram realmente ricos; um registro da vida privada da maioria dessa classe mostrará que eles foram realmente os mais abjetos e miseráveis dos pobres.

As riquezas garantidas no plano competitivo nunca são satisfatórias e permanentes; elas são suas hoje e de outro amanhã. Lembre-se de que, se você quiser se tornar rico de uma maneira científica e certa, você deve sair inteiramente do pensamento competitivo. Você nunca deve pensar por um momento que o suprimento é limitado. Assim que começar a pensar que todo o dinheiro está sendo "encurralado" e controlado por banqueiros e outros, que deve se esforçar para que leis sejam aprovadas para interromper esse processo e assim por diante, você cai na mente competitiva, e seu poder de causar a criação desaparece e você provavelmente vai deter os movimentos criativos que já instituiu.[12]

12. Por isso, a autorresponsabilidade é uma aliada fundamental quando você está determinado a assumir o rumo de sua vida. Ela é a certeza absoluta (crença) de que você é o único responsável pela vida que tem levado. Amigo, amiga, é muito fácil tirar a responsabilidade de seu sucesso e sua felicidade de si e colocar nas mãos dos outros, porém, quando você começa a colher os resultados dessa omissão, a tendência é que comece a se vitimizar e não busque a solução de seu problema. Em contrapartida, quando você assume que tem a capacidade de se responsabilizar completamente pelos resultados que tem tido, uma nova mentalidade começa a surgir em sua vida.

**SAIBA** que existem incontáveis milhões de dólares em ouro nas montanhas da terra, ainda não trazidos à luz; e se não houvesse, mais outro seria criado por meio da Substância pensante para suprir suas necessidades.

**SAIBA** que o dinheiro que você precisa virá, mesmo que seja necessário que mil homens sejam conduzidos à descoberta de novas minas de ouro amanhã.

Nunca olhe para o suprimento visível; olhe sempre para as riquezas ilimitadas da substância sem forma e **SAIBA** que elas estão chegando a você tão rápido quanto você pode recebê-las e usá-las. Ninguém, encurralando o suprimento visível, pode impedi-lo de obter o que é seu.

Portanto, nunca se permita pensar por um instante que todos os melhores pontos de construção serão tomados antes de se preparar para construir sua casa, a menos que você se apresse. Nunca se preocupe com os monopólios e as combinações e nunca fique ansioso pelo medo de que em breve eles venham a possuir toda a terra. Nunca tenha medo de perder o que deseja porque alguma outra pessoa "venceu". Isso não pode acontecer, você não está procurando nada que seja de outra pessoa; você está causando o que deseja que seja criado por meio de substância sem forma, e o suprimento é ilimitado. Atenha-se à declaração formulada a seguir.

Existe uma matéria pensante da qual todas as coisas são feitas e que, em seu estado original, permeia, penetra e preenche os interespaços do universo.

- Um pensamento, nessa substância, produz a coisa que é imaginada pelo pensamento.
- O homem pode formar coisas em seu pensamento e, imprimindo seu pensamento na substância sem forma, pode fazer com que a coisa em que pensa seja criada.

## DIANTE DA LEITURA, RESPONDA:

1. Que fichas caem?

## 2. Que decisões você toma?

# CAPÍTULO 6

# COMO AS RIQUEZAS CHEGAM ATÉ VOCÊ

Quando digo que você não precisa fazer barganhas ousadas, não quero dizer que não precise fazer barganha nenhuma ou que você esteja acima da necessidade de negociar com seus semelhantes. Quero dizer que você não precisará lidar com eles injustamente; você não tem de obter algo por nada, mas pode dar a cada homem mais do que você tira dele.

Você não pode dar a cada homem mais em valor de mercado do que você tira dele, mas você pode dar a ele mais valor de uso do que o valor em dinheiro da coisa que você tira dele. O papel, a tinta e outros materiais neste livro podem não valer o dinheiro que você paga por eles, mas, se as ideias sugeridas por ele lhe renderem milhares de dólares, você não foi prejudicado por aqueles que o venderam; eles lhe deram um grande valor de uso por um pequeno valor em dinheiro.

Suponhamos que tenho um quadro de um dos grandes artistas que, em qualquer comunidade civilizada, vale milhares de dólares. Eu o levo para Baffin Ray e, por "manipulação de vendedor", induzo um esquimó a dar um pacote de peles no valor de US$ 500 pelo quadro. Eu realmente o prejudiquei, pois para o esquimó o quadro não tem utilidade, não tem valor de uso, não vai acrescentar nada à vida dele.

Mas suponha que eu lhe dê uma arma no valor de US$ 50 por suas peles; aí ele fez um bom negócio. A arma lhe proverá muito mais peles e comida, isso acrescentará à vida do esquimó em todos os sentidos, vai torná-lo rico. Quando você passa do plano competitivo para o criativo, você pode examinar suas transações comerciais de forma muito rigorosa: se você está vendendo a qualquer homem qualquer coisa que não acrescente mais à vida dele do que aquilo que ele lhe dá em troca, você pode parar com isso. Você não precisa vencer ninguém nos negócios. E se você está em um negócio que engana as pessoas, saia dele imediatamente.

Dê a cada homem mais em valor de uso do que você tira dele em valor em dinheiro, dessa forma, você está contribuindo para a vida do mundo por cada transação comercial.

Se tem pessoas trabalhando para você, tire delas mais valor em dinheiro do que você paga em salários. Você pode organizar seu negócio de tal maneira que ele seja preenchido com o princípio do progresso, no qual cada funcionário que deseje fazê-lo possa avançar um pouco a cada dia.[13]

Sua empresa pode fazer por seus funcionários o que este livro está fazendo por você. Você pode conduzir seu negócio de tal maneira que ele será uma espécie de escada, pela qual todo empregado que se der ao trabalho poderá subir para a riqueza; dada a oportunidade, se ele não o fizer, não é culpa sua.

E, finalmente, quando eu digo que você deve causar a criação de suas riquezas da substância sem forma que permeia todo o seu ambiente, isso não significa que elas devam tomar forma da atmosfera e vir a existir diante de seus olhos.

13. Acredito no poder que a meritocracia tem para tornar pessoas sem oportunidades, mas que se esforçam em trabalho diligente, reconhecidas e provedoras de suas famílias como nunca antes imaginaram. Grandes empreendedores brasileiros - como Alexandre Costa (Cacau Show), Flávio Augusto (Wise Up), Abílio Diniz (Grupo Pão de Açúcar) - têm essa característica, formadora da maioria dos líderes mais importantes do século XXI, e que deve estar presente em tudo o que você e eu fazemos diariamente.

Se você quer uma máquina de costura, por exemplo, não quero dizer que você deve imprimir o pensamento de uma máquina de costura na Substância Pensante até que a máquina seja formada sem mãos, na sala onde você está sentado ou em outro lugar. Mas, se você quer uma máquina de costura, mantenha a imagem mental dela com a certeza mais positiva de que está sendo feita, ou está a caminho. Depois de formar o pensamento, tenha a mais absoluta e inquestionável fé de que a máquina de costura está chegando; nunca pense nisso ou fale sobre isso de outra maneira que não seja a certeza de chegar. Reivindique-a já como sua.[14]

A máquina de costura será trazida a você pelo poder da Inteligência Suprema, agindo sobre as mentes dos homens. Se você mora no Maine, nos Estados Unidos, pode ser que um homem seja trazido do Texas ou do Japão para se envolver em alguma transação que resultará na obtenção do que deseja. Se assim for, tanto esse homem como você terão vantagem nessa transação.

Não se esqueça de que nem por um momento a Substância Pensante está através de todos, em todos, comunicando-se com todos, e pode influenciar a todos. O desejo da Substância Pensante por uma vida mais plena e melhor levou à criação de todas as máquinas

14. Ter a clareza daquilo que você quer provocará sentimentos bons e positivos, e a busca otimista para a realização de seus sonhos fará com que você se sinta o protagonista de sua vida, produzindo os neurotransmissores responsáveis pelo seu bem-estar, fazendo com que você tenha saúde e disposição para lidar com as mais diversas situações. Por isso, desenvolver uma visão positiva de futuro, no primeiro momento, pode parecer desnecessário, mas é um passo fundamental para compreender onde você quer estar.

de costura já fabricadas; e pode causar a criação de milhões mais, e vontade, sempre que os homens a põem em movimento pelo desejo e pela fé, agindo da maneira certa.

Você certamente pode ter uma máquina de costura em sua casa; e é igualmente certo que você pode ter qualquer outra coisa que desejar, a qual será usada para o avanço da própria vida e da vida dos outros. Você não precisa hesitar em pedir amplamente; "é do agrado do vosso Pai dar-vos o reino",[15] disse Jesus.

A Substância Original quer viver tudo o que é possível em você e deseja que você tenha tudo o que você pode ou vai usar para viver a vida de forma mais abundante. Se você fixar em sua consciência o fato de que o desejo que sente pela posse de riquezas é um com o desejo da onipotência por uma expressão mais completa, sua fé se torna invencível.

Certa vez, vi um garotinho sentado ao piano, tentando em vão trazer harmonia para as teclas e ele estava entristecido e provocado por sua incapacidade de tocar música de verdade. Perguntei-lhe a causa de seu aborrecimento, e ele respondeu: "Posso sentir a música em mim, mas não consigo fazer minhas mãos andarem direito". A música nele era o impulso da Substância Original, contendo todas as

15. Ver Mateus 12:32.

possibilidades de toda a vida; tudo o que há de música buscava expressão pela criança.

Deus, a Substância Única, está tentando viver, fazer e desfrutar as coisas por meio da humanidade. Ele está dizendo: "Quero mãos para construir estruturas maravilhosas, tocar harmonias divinas, pintar quadros gloriosos; quero pés para executar minhas tarefas, olhos para ver minhas belezas, línguas para dizer verdades poderosas e cantar canções maravilhosas" etc.

Tudo o que há de possibilidade está buscando expressão por meio dos homens. Deus quer que aqueles que podem tocar música tenham pianos e todos os outros instrumentos e meios para cultivar seus talentos ao máximo. Ele quer que aqueles que podem apreciar a beleza possam se cercar de coisas belas e que aqueles que podem discernir a verdade tenham todas as oportunidades de viajar e observar. Ele quer que aqueles que apreciam roupas sejam vestidos com elegância e que aqueles que apreciam boa comida sejam bem alimentados.

Ele quer todas essas coisas porque é Ele mesmo que as desfruta e as aprecia; "É Deus quem quer brincar, cantar, apreciar a beleza, proclamar a verdade, vestir roupas finas e comer boas comidas. "É Deus quem opera em você o querer e o realizar",[16] disse Paulo.

16. Cf. Filipenses 2:13.

O desejo que sente pelas riquezas é o infinito, procurando se expressar em você como Ele tentou encontrar expressão no menino ao piano. Então, você não precisa hesitar em pedir em abundância. Sua parte é focalizar e expressar o desejo a Deus.

Este é um ponto difícil para a maioria das pessoas. Elas retêm algo da velha ideia de que a pobreza e o autossacrifício agradam a Deus. Elas consideram a pobreza como parte do plano, uma necessidade da natureza. Elas têm a ideia de que Deus terminou sua obra e fez tudo o que Ele podia fazer e que a maioria dos homens deve permanecer pobre porque não há o suficiente para todos. As pessoas se apegam tanto a esse pensamento errôneo que se sentem envergonhadas de pedir riqueza; elas tentam não querer mais que uma competência muito modesta, apenas o suficiente para torná-las bastante confortáveis.

Lembro-me agora do caso de um estudante a quem foi dito que deveria ter em mente uma imagem clara das coisas que desejava, para que o pensamento criativo dele pudesse ser impresso na substância sem forma. Era um homem muito pobre, morava em uma casa alugada e tinha apenas o que ganhava no dia a dia; e ele não conseguia entender o fato de que toda a riqueza era dele. Então, depois de pensar no assunto, decidiu que poderia pedir um tapete novo para o piso de seu melhor quarto e um fogão a carvão antracite para aquecer a casa durante o tempo frio. Seguindo as instruções dadas neste livro, ele obteve essas coisas em poucos meses e então se deu conta de que não havia pedido o suficiente. Percorreu a casa em que morava e planejou todas as melhorias que gostaria de fazer nela, acrescentando mentalmente uma janela saliente aqui e um quarto ali, até que ele estivesse em sua mente seu lar ideal. Por fim, ele planejou seu mobiliário.

Mantendo todo o quadro em sua mente, ele começou a viver no caminho certo, movendo-se em direção ao que ele queria. Agora ele é o dono da casa e a está reconstruindo segundo a forma de sua imagem mental. E, com uma fé ainda maior, ele vai conseguir coisas maiores. Foi para ele de acordo com sua fé, e é assim com você e com todos nós.

## DIANTE DA LEITURA, RESPONDA:

1. Que fichas caem?

2. Que decisões você toma?

# CAPÍTULO 7
# GRATIDÃO

As situações mencionadas no último capítulo devem ter elucidado ao leitor o fato de que o primeiro passo para ficar rico é transmitir a ideia de seus desejos à Substância Disforme.

Isso é verdade, e você verá que para isso é necessário relacionar-se com a Inteligência Disforme de maneira harmoniosa.

Assegurar essa relação harmoniosa é uma questão de tão primordial e vital importância que deixarei algum espaço à sua discussão aqui e lhe darei instruções que, se você as seguir, certamente o levarão à perfeita unidade de mente com Deus.

Todo o processo de ajuste mental e reparação pode ser resumido em uma palavra: gratidão.

Primeiro, você acredita que existe uma Substância Inteligente, da qual todas as coisas procedem; segundo, você acredita que essa substância lhe dá tudo o que deseja; e terceiro, você se relaciona com ela por um sentimento de profunda gratidão.

Muitas pessoas que ordenam suas vidas corretamente de todas as outras maneiras são mantidas na pobreza por falta de gratidão. Tendo recebido um dom de Deus, eles cortam os fios que os conectam a Ele, deixando de praticar o reconhecimento.

É fácil entender que, quanto mais perto estivermos da fonte da riqueza, mais riqueza receberemos; é fácil também entender que a alma que é sempre grata vive em contato mais próximo com Deus do que aquela que nunca olha para Ele em reconhecimento e gratidão.

Quanto mais agradecidos fixamos nossas mentes no Supremo quando coisas boas vêm a nós, mais coisas boas receberemos e mais rapidamente elas virão; e a razão simplesmente é que a atitude mental de gratidão leva a mente a um contato mais próximo com a fonte de onde vêm as bênçãos.

Se o pensamento de que a gratidão traz toda a sua mente para uma harmonia mais próxima com as energias criativas do universo é novo para você, considere-o bem e você verá que é verdade. As coisas boas que você já tem chegaram a você ao longo da linha de obediência a certas leis. A gratidão guiará sua mente por caminhos pelos quais as coisas acontecem, e isso o manterá em estreita harmonia com o pensamento criativo e o impedirá de cair no pensamento competitivo.

Só a gratidão pode mantê-lo olhando para o Todo e evitar que você caia no erro de pensar que o suprimento é limitado. Fazer isso seria fatal para suas esperanças. Existe uma Lei da Gratidão, e é absolutamente necessário que você observe a lei, se quiser obter os resultados que procura. A lei da gratidão é o princípio natural de que ação e reação são sempre iguais e em direções opostas.[17]

17. Mãe de todos os princípios, a gratidão é uma emoção, disposição de ânimo, virtude moral, hábito, traço de personalidade, de se sentir grato. O povo judeu já sabia dessa verdade, como é possível ver em Salmos 50:23: "Quem me oferece sua gratidão como sacrifício honra-me, e eu mostrarei a salvação de Deus ao que anda nos meus caminhos". Por isso, reconhecer motivos para ser grato é, sobretudo, comunicar gratidão em atos, palavras e ações de forma irrestrita. E você, vem comunicando gratidão?

O agradecido alcance de sua mente em grato louvor ao Supremo é uma liberação ou dispêndio de força; não pode deixar de alcançar aquilo a que se dirige, e a reação é um movimento instantâneo em direção a você.

"Aproxime-se de Deus, e Ele se aproximará de você." Essa é uma afirmação da verdade psicológica.

E se sua gratidão for forte e constante, a reação na Substância Disforme será forte e contínua; o movimento das coisas que você quer será sempre em sua direção. Observe a atitude de gratidão que Jesus tomou; como Ele sempre parece estar dizendo: "Eu Te agradeço, Pai, porque Tu me ouves". Você não pode exercer muito poder sem gratidão, pois é a gratidão que o mantém conectado com o poder. O valor da gratidão, porém, não consiste apenas em obter mais bênçãos no futuro. Sem gratidão, você não pode evitar por muito tempo o pensamento insatisfeito em relação às coisas como elas são.

No momento em que você permite que sua mente permaneça insatisfeita com as coisas como elas são, você começa a perder terreno. Você fixa a atenção no comum, no ordinário, no pobre, no miserável e mesquinho, e sua mente toma a forma dessas coisas. Então você transmitirá essas formas ou imagens mentais ao Disforme, e o comum, o pobre, o miserável e o mesquinho virão até você.

Permitir que sua mente se detenha no inferior é tornar-se inferior e cercar-se de coisas inferiores. Por outro lado, fixar sua atenção no melhor é cercar-se do melhor e se tornar o melhor. O Poder Criativo dentro de nós nos torna a imagem daquilo a que direcionamos nossa atenção. Somos a Substância Pensante, e a ela sempre toma a forma daquilo em que pensa. A mente grata está constantemente fixada no melhor; portanto, tende a se tornar o melhor; toma a forma ou o caráter do melhor e receberá o melhor.

Além disso, a fé nasce da gratidão. A mente grata continuamente espera coisas boas, e a expectativa se torna fé. A reação de gratidão na própria mente produz fé; e cada onda de ação de graças agradecida aumenta a fé. Aquele que não tem sentimento de gratidão não pode reter por muito tempo uma fé viva, e sem uma fé viva você não pode ficar rico pelo método criativo, como veremos nos capítulos seguintes.[18]

É necessário, então, cultivar o hábito de ser grato por cada coisa boa que lhe acontece e agradecer continuamente. E porque todas as coisas contribuíram para seu progresso, você deve incluir todas as coisas em sua gratidão. Não perca tempo pensando ou falando sobre as deficiências ou ações erradas de plutocratas ou magnatas de monopólio. Sua organização do mundo fez sua oportunidade, tudo o que você obtém realmente vem a você por causa deles. Não se enfureça contra políticos corruptos, pois,

18. A gratidão está entre os princípios e os valores mais importantes em nossas vidas. Ela não é apenas uma atitude, mas um sentimento que podemos - e devemos - desenvolver para inserir a apreciação como parte elementar de nossos pensamentos e atitudes. Isso pode surgir, inclusive, em questões que são tidas como naturais ou mesmo básicas em nosso cotidiano. Por exemplo: que tal a gratidão diária por ter uma família unida ou, até mesmo, um emprego, considerando que muitas pessoas no Brasil e no mundo estão desempregadas? De maneira aplicada ao seu dia a dia, a gratidão pode ser cultivada com base em obstáculos que interpelam nosso caminho, mas não nos deixamos contaminar pelo negativismo. Após uma discussão familiar, horas no trânsito ou um projeto cujo resultado não saiu como o esperado, evite remoer a frustração. Em vez disso, você pode espantar o desânimo e agradecer pela oportunidade e, sobretudo, pelo aprendizado que você pode extrair por meio dessas situações. Essas lições são experiências — evidentes ou não — das quais podemos nos fortalecer e sairmos ainda mais resistentes.

se não fosse pelos políticos, cairíamos na anarquia, e sua oportunidade seria muito menor.

Deus tem trabalhado por muito tempo e com muita paciência para nos trazer até onde estamos na indústria e no governo, e Ele continua a Sua obra. Não há a menor dúvida de que Ele acabará com plutocratas, magnatas fiduciários, capitães da indústria e políticos assim que puderem ser extintos, mas enquanto isso todos são muito bons. Lembre-se de que todos eles estão ajudando a organizar as linhas de transmissão ao longo das quais suas riquezas chegarão a você, e seja grato a todos eles. Isso o levará a relações harmoniosas com o bem em tudo, e o bem em tudo se moverá em sua direção.

## DIANTE DA LEITURA, RESPONDA:

1. Que fichas caem?

## 2. Que decisões você toma?

# CAPÍTULO 8

# PENSANDO DA MANEIRA CERTA

Volte ao capítulo 6 e leia novamente a história do homem que formou uma imagem mental de sua casa, e você terá uma boa ideia do passo inicial para ficar rico. Você deve formar uma imagem mental clara e definida do que deseja, pois você não pode transmitir uma ideia a menos que você mesmo a tenha.

Você deve tê-lo antes de poder dá-lo; e muitas pessoas não conseguem impressionar a Substância Pensante porque têm apenas um conceito vago e nebuloso das coisas que querem fazer, ter ou tornar-se. Não é suficiente que você tenha um desejo geral de riqueza "para fazer o bem"; todo mundo tem esse desejo.

Não basta querer viajar, ver coisas, viver mais etc. Todo mundo também tem esses desejos. Se você fosse enviar um telegrama a um amigo, não enviaria as letras do alfabeto em ordem e deixaria que ele construísse a mensagem por si mesmo, nem pegaria palavras ao acaso do dicionário. Você enviaria uma frase coerente, que significasse algo. Quando você tenta impor seus desejos à Substância, lembre-se de que isso deve ser feito por meio de uma declaração coerente. Você deve saber o que quer e ser definitivo. Você nunca pode ficar rico ou colocar o poder criativo em ação, enviando anseios informes e desejos vagos.

Repense seus desejos, assim como o homem que formou a imagem de sua casa. Veja exatamente o que você quer e obtenha uma imagem mental clara daquilo que você deseja que pareça quando conseguir.

Você deve manter essa imagem clara em mente, como o marinheiro tem em mente o porto para o qual está navegando. Você deve manter o foco voltado para ela o tempo todo; não deve perdê-la de vista, assim como o timoneiro não perde de vista a bússola.

Não é necessário fazer exercícios de concentração, nem reservar momentos especiais para oração e afirmação, nem "ir ao silêncio", nem fazer acrobacias ocultas de qualquer tipo. Lá as coisas estão bem o suficiente, mas tudo que você precisa é saber o que você quer e desejá-lo o suficiente para que fique em seus pensamentos.

Gaste o máximo de seu tempo de lazer que puder contemplando sua foto,[19] mas ninguém precisa fazer exercícios para concentrar sua mente em uma coisa que realmente deseja; são as coisas com as quais você realmente não se importa que exigem esforço para fixar sua atenção nelas.

E a menos que você realmente queira ficar rico, para que o desejo seja forte o suficiente para manter seus pensamentos direcionados ao propósito como o pólo magnético segura a agulha da bússola, dificilmente valerá a pena tentar cumprir as instruções dadas neste livro.

Os métodos aqui apresentados são para pessoas cujo desejo de riqueza é forte o suficiente para superar a preguiça mental e o amor pela facilidade e fazê-los funcionar.

Quanto mais claro e definido você fizer sua imagem e quanto mais você se

[19] Essa atitude pode parecer um tanto infantil, mas pessoas de sucesso são aquelas que têm uma visão positiva sobre seu futuro e mantêm a visão, persistem na visão; as pessoas que conseguem estar focadas no futuro, um futuro extraordinário, um futuro melhor, um futuro de esperança, um futuro de fé. Minha pergunta pra você é: qual é a sua visão positiva sobre o futuro?

debruçar sobre ela, destacando todos os seus deliciosos detalhes, mais forte será seu desejo; e quanto mais forte for seu desejo, mais fácil será manter sua mente fixa na imagem do que você quer.

Algo mais é necessário, no entanto, do que meramente ver a imagem com clareza. Se isso é tudo que você faz, você é apenas um sonhador e terá pouco ou nenhum poder de realização. Por trás de sua visão clara deve estar o propósito de realizá-la para trazê-lo para fora em expressão tangível. E por trás desse propósito deve estar uma FÉ invencível e inabalável de que a coisa já é sua, que ela está "à mão" e você só precisa tomar posse dela. Viva na nova casa, mentalmente, até que ela tome forma ao seu redor fisicamente. No reino mental, entre imediatamente no pleno gozo das coisas que deseja. "Tudo o que vocês pedirem em oração, creiam que já receberam, e terão",[20] disse Jesus.

Veja as coisas que você quer como se elas estivessem realmente ao seu redor o tempo todo; veja a si mesmo como possuindo-as e usando-as. Faça uso delas na imaginação, assim como você as usará quando forem seus bens tangíveis. Permaneça em sua imagem mental até que ela fique clara e distinta e então assuma a

20. Cf. Mateus 6:7-8.

Atitude Mental de Propriedade em relação a tudo nessa imagem.

Tome posse dela, em mente, na plena fé de que ela é realmente sua. Mantenha essa propriedade mental e não renuncie por um instante na fé de que é real.

E lembre-se do que foi dito no capítulo anterior sobre gratidão; seja tão grato por isso o tempo todo quanto você espera ser quando ele tomar forma. O homem que pode agradecer sinceramente a Deus pelas coisas que ainda possui apenas na imaginação tem fé real. Ele ficará rico, ele causará a criação de tudo o que ele quiser.

Você não precisa orar repetidamente pelas coisas que deseja; não é necessário contar a Deus sobre isso todos os dias. "Não useis de vãs repetições como fazem os pagãos", disse Jesus aos seus discípulos, "porque vosso Pai sabe que necessitais destas coisas antes que lhe peçais."[21] Sua parte é formular inteligentemente seu desejo pelas coisas que contribuem para uma vida maior, organizar esses desejos em um todo coerente e então imprimir esse Desejo Total sobre a Substância Disforme, que tem o poder e a vontade de lhe trazer o que você deseja.

Você não causa essa impressão repetindo sequências de palavras, e sim mantendo

21. Cf. Mateus 6:7-8.

a visão com um PROPÓSITO inabalável para alcançá-la e coma FÉ inabalável de que você consegue.

A resposta à oração não é de acordo com sua fé enquanto fala, mas de acordo com sua fé enquanto trabalha.[22]

Você não pode impressionar a mente de Deus por ter um dia de sábado especial separado para dizer a Ele o que você quer e esquecê-Lo durante o resto da semana. Você não pode impressioná-Lo por ter horas especiais para ir ao seu quarto e orar, se você descartar o assunto de sua mente até a próxima hora da oração.

A oração é boa o suficiente e tem seu efeito, sobretudo sobre você, ao esclarecer sua visão e fortalecer sua fé, mas não são suas petições durante a oração que lhe dão o que você quer. Para ficar rico, você não precisa de uma "doce hora de oração", você precisa "orar sem cessar". E por oração quero dizer apegar-se firmemente à sua visão, com o propósito de fazer com que sua criação se torne uma forma sólida e a fé de que você está fazendo isso.

**"Creia que você os recebe."[23]**

Todo o assunto gira em torno do recebimento, uma vez que você tenha formado claramente sua visão. Quando o tiver

22. Já ouvi pessoas falando: "quando eu for promovido, eu me dedico de verdade". Se você pensa dessa forma, como seu coach, preciso alertá-lo: você não será promovido nunca. A ascensão vem para aqueles que se destacam mesmo quando as condições não são favoráveis. Seu talento e a sua capacidade excepcional só serão descobertos se você mostrá-los no dia a dia do negócio. Afinal, qualquer empreendedor (inclusive você) quer contratar quem esteja disposto a dar seu máximo. O trabalho diligente é preciso, bem-feito e voltado para a obtenção de resultados. Alguém é diligente quando tem dedicação, zelo e foco em relação a alguma atividade. As pessoas que não realizam um trabalho diligente costumam produzir 30% a 60% menos do que poderiam e se ressentem por não crescerem profissionalmente. Elas não percebem que estão sabotando a própria evolução.

23. Para aprofundar mais nesse assunto, recomendo a leitura do capítulo VII: "Creia", de meu livro *O poder da ação.*

formado, é bom fazer uma declaração oral, dirigindo-se ao Supremo em reverente oração; a partir desse momento, você deve, em mente, receber o que pede. Viva na casa nova, use as roupas finas, ande no automóvel, vá na jornada e planeje com confiança jornadas maiores. Pense e fale de todas as coisas que você pediu em termos de propriedade atual. Imagine um ambiente e uma condição financeira exatamente como você deseja e viva o tempo todo nesse ambiente imaginário e com essa condição financeira. Lembre-se, no entanto, de que você não faz isso como um mero sonhador e construtor de castelos, apegue-se à FÉ de que o imaginário está sendo realizado e ao PROPÓSITO para realizá-lo. Lembre-se também de que é a fé e o propósito no uso da imaginação que fazem a diferença entre o cientista e o sonhador. E tendo aprendido esse fato, é aqui que você deve aprender o uso adequado da Vontade.

## DIANTE DA LEITURA, RESPONDA:

1. Que fichas caem?

## 2. Que decisões você toma?

# CAPÍTULO 9
# COMO USAR A VONTADE

Para começar a ficar rico de maneira científica, você não tenta aplicar sua força de vontade a nada fora de si mesmo. Você não tem o direito de fazê-lo de qualquer maneira. É errado aplicar sua vontade a outros homens e mulheres, a fim de levá-los a fazer o que você deseja.

É tão errado coagir as pessoas pelo poder mental quanto coagi-las pelo poder físico. Obrigar as pessoas pela força física a fazer coisas para você as reduz à escravidão; obrigá-las por meios mentais é exatamente a mesma coisa, a única diferença está nos métodos. Se tirar coisas das pessoas pela força física é roubo, então tirar coisas pela força mental também é roubo, não há diferença em princípio.

Você não tem o direito de usar sua força de vontade sobre outra pessoa, mesmo "para seu próprio bem", pois você não sabe o que é para o bem dela. A ciência de ficar rico não exige que você aplique poder ou força a qualquer outra pessoa, seja de que forma for. Não há a menor necessidade de fazê-lo; na verdade, qualquer tentativa de usar sua vontade sobre os outros só tenderá a derrotar seu propósito. Você não precisa aplicar sua vontade às coisas para compeli-las a vir até você. Isso seria simplesmente tentar coagir Deus e seria tolo e inútil, além de irreverente.

Você não precisa obrigar Deus a lhe dar coisas boas, assim como não precisa usar sua força de vontade para fazer o sol nascer.

Você não precisa usar sua força de vontade para conquistar uma divindade hostil ou para fazer com que forças teimosas e rebeldes cumpram suas ordens. A Substância é amigável com você e está mais ansiosa para lhe dar o que quer do que você para obtê-lo.

Para ficar rico, você só precisa usar sua força de vontade sobre si mesmo. Quando você sabe o que pensar e fazer, então você deve usar sua vontade para se obrigar a pensar e fazer as coisas certas. Esse é o uso legítimo da vontade para conseguir o que você quer – usá-la para manter-se no caminho certo. Use sua vontade para se manter pensando e agindo da maneira certa. Não tente projetar sua vontade, seus pensamentos ou sua mente no espaço para "agir" sobre coisas ou pessoas. Mantenha sua mente em casa; ela pode realizar mais lá do que em qualquer outro lugar. Use sua mente para formar uma imagem mental do que você quer e mantenha essa visão com fé e propósito. Use sua vontade para manter sua mente trabalhando no Caminho Certo.

Quanto mais firme e contínuo for sua fé e propósito, mais rapidamente você ficará rico, porque fará apenas impressões POSITIVAS sobre a Substância. E você não vai neutralizá-los ou compensá-los por impressões negativas.

A imagem de seus desejos, mantida com fé e propósito, é tomada pelo Disforme e o permeia a grandes distâncias – por todo o universo, pelo que sei.

À medida que essa impressão se espalha, todas as coisas se movem em direção à sua realização; cada coisa viva, cada coisa inanimada e as coisas ainda não criadas são estimuladas a trazer à existência o que você deseja. Toda força começa a ser exercida nessa direção, e todas as coisas começam a se mover em sua direção. A mente das pessoas, em todos os lugares, é influenciada a fazer as coisas necessárias para a realização de seus desejos; e elas trabalham para você inconscientemente.

Mas você pode verificar tudo isso iniciando uma impressão negativa na Substância Amorfa. Dúvida ou incredulidade é tão certo para iniciar um movimento longe de você quanto fé e propósito são para iniciar um movimento em direção a você. É por não entender isso que a maioria das pessoas que tentam fazer uso da "ciência mental" para enriquecer fracassam. Cada momento que você gasta dando atenção a dúvidas e medos, cada hora que você gasta em preocupação, cada momento em que sua alma é possuída pela incredulidade, afasta de você uma corrente em todo o domínio da Substância Inteligente. Todas as promessas são para aqueles que creem, e somente para eles. Observe quão insistente Jesus foi sobre esse ponto de crença, e agora você sabe o motivo.

Como a crença é muito importante, cabe a você guardar seus pensamentos; e como suas crenças serão moldadas em grande parte pelas coisas que você observa e pensa, é importante que você domine sua atenção.

E aqui a vontade entra em uso, pois é por sua vontade que você determina em que coisas sua atenção deve ser fixada.

Se você quer ficar rico, não deve estudar a pobreza.[24]

As coisas não são criadas pensando em seus opostos. A saúde nunca deve ser alcançada estudando a doença e pensando

24. Para responder à questão de onde devemos colocar nosso foco e nossa energia, precisamos antes basear nossas mudanças em duas questões primordiais: a primeira questão diz respeito aos problemas e às limitações a serem resolvidos ou eliminados; a segunda questão está relacionada aos sonhos e às nossas metas a serem conquistados. Ou seja, quanto mais você investir seu tempo compreendendo a pobreza é para lá que você vai, e não para a tão almejada riqueza, que é sua meta principal.

nela; a justiça não deve ser promovida estudando o pecado e pensando sobre ele; e ninguém nunca ficou rico estudando a pobreza e pensando sobre ela.

A medicina como ciência da doença aumentou a doença; a religião como ciência do pecado promoveu o pecado; e a economia como estudo da pobreza encherá o mundo de miséria e carência.

Não fale sobre pobreza, não investigue ou se preocupe com isso. Não importa quais sejam suas causas, você não tem nada a ver com isso.

O que preocupa você é a cura. Não gaste seu tempo em trabalhos ou movimentos de caridade, pois toda caridade só tende a perpetuar a miséria que pretende erradicar.

Não digo que você deva ser de coração duro ou cruel e se recusar a ouvir o clamor da necessidade, mas você não deve tentar erradicar a pobreza de nenhuma maneira convencional. Deixe a pobreza e tudo o que pertence a ela atrás de você e "faça o bem".

Ficar rico é a melhor maneira de ajudar os pobres.[25]

E você não pode manter a imagem mental que deve torná-lo rico se encher

25. Assim se alcança a plenitude na vida; essa é minha estratégia de sucesso, pois ela representa crescimento. A plenitude está presente na vida daqueles que se exercitam, alimentam-se bem, estudam, prosperam, leem, trabalham. Mais que isso, ajudam pessoas, são preocupadas com a família e os amigos, contribuem com os demais. Ou seja, a plenitude está em contribuir e servir, mas, ao mesmo tempo, crescer e realizar os sonhos, seguindo sempre os princípios bíblicos: "Amarás (...) o Senhor teu Deus de todo o teu coração, e de toda a tua alma, e de todo o teu entendimento, e de todas as tuas forças."

sua mente com imagens de pobreza. Não leia livros ou jornais que relatam a miséria dos moradores dos cortiços, os horrores do trabalho infantil e assim por diante. Não leia nada que encha sua mente com imagens sombrias de carência e sofrimento. Você não pode ajudar os pobres sabendo dessas coisas; e o amplo conhecimento deles não tende a acabar com a pobreza. O que tende a acabar com a pobreza não é colocar imagens de pobreza em sua mente, mas colocar imagens de riqueza na mente dos pobres. Você não está abandonando os pobres em sua miséria quando se recusa a permitir que sua mente seja preenchida com imagens dessa miséria.

A pobreza pode ser eliminada, sem aumentar o número de pessoas abastadas que pensam sobre a pobreza, mas aumentando o número de pessoas pobres que pretendem com fé enriquecer. Os pobres não precisam de caridade, eles precisam de inspiração. A caridade apenas lhes envia um pão para mantê-los vivos em sua miséria ou lhes dá um entretenimento para fazê-los esquecer por uma ou duas horas, mas a inspiração fará com que eles se levantem. Se você quer ajudar os pobres, demonstre que eles podem se tornar ricos; prove isso ficando rico você mesmo.

A única maneira pela qual a pobreza será banida deste mundo é fazer com que um número grande e constantemente crescente de pessoas pratique os ensinamentos deste livro. As pessoas devem ser ensinadas a enriquecer pela criação, e não pela competição. Todo homem que se torna rico pela competição derruba atrás de si a escada pela qual ele sobe e mantém os outros no chão, mas todo homem que fica rico pela criação abre um caminho para que milhares o sigam e os inspira a fazê-lo.

Você não está mostrando dureza de coração ou uma disposição insensível quando se recusa a ter pena da pobreza, vê a pobreza, lê sobre a pobreza, pensa ou fala sobre ela ou ouve aqueles que falam sobre ela. Use sua força de vontade para manter sua mente FORA do assunto da pobreza e para mantê-la fixa com fé e propósito na visão do que você deseja.

## DIANTE DA LEITURA, RESPONDA:

1. Que fichas caem?

## 2. Que decisões você toma?

# CAPÍTULO 10

# IMPULSIONANDO A VONTADE

Você não pode ter uma visão verdadeira e clara da riqueza se estiver constantemente voltando sua atenção para imagens opostas, sejam elas externas, sejam imaginárias.

Não conte seus problemas passados de natureza financeira; se você os teve, não pense neles. Não fale da pobreza de seus pais ou das dificuldades de sua infância, pois fazer qualquer uma dessas coisas é classificar-se mentalmente com os pobres, e isso certamente impedirá o movimento das coisas em sua direção.

"Deixe os mortos enterrarem seus mortos", disse Jesus.

Deixe a pobreza e todas as coisas que pertencem a ela completamente para trás. Você tomou como certa uma teoria do universo e está depositando todas as suas esperanças de felicidade nela, e o que você pode ganhar dando atenção a teorias conflitantes?

Não leia livros religiosos que lhe digam que o mundo está prestes a acabar nem escritos de varredores de lixo e filósofos pessimistas que lhe dizem que isso é coisa do diabo. Isso não é coisa do diabo, é de Deus. É maravilhoso Tornar-se.

É verdade que pode haver muitas coisas desagradáveis nas condições existentes, mas por que estudá-las quando elas certamente estão passando e quando o estudo delas apenas tende a verificar sua passagem e mantê-las conosco? Por que dar tempo e atenção às coisas que estão sendo removidas pelo crescimento evolutivo, quando você pode acelerar sua remoção apenas promovendo o crescimento evolucionário até onde vai?

Não importa quão horríveis possam parecer as condições em certos países, seções ou lugares, você desperdiça seu tempo e destrói as próprias chances ao considerá-las. Você deve se interessar em o mundo ficar rico. Pense nas riquezas para as quais o mundo está entrando, em vez da pobreza da qual está crescendo. Tenha em mente que a única maneira com a qual você pode ajudar o mundo a ficar rico é enriquecendo você mesmo por meio do método criativo — não do competitivo. Foque inteiramente as riquezas, ignore a pobreza.

Sempre que você pensar ou falar daqueles que são pobres, pense e fale deles como aqueles que estão se tornando ricos, como aqueles que devem ser parabenizados em vez de lamentados. Dessa forma, eles e outros se inspirarão e começarão a procurar a saída. Quando eu digo que você deve dedicar todo o seu tempo, mente e pensamento às riquezas, isso não significa que você deva ser sórdido ou mesquinho.

**TORNAR-SE REALMENTE RICO É O OBJETIVO MAIS NOBRE QUE VOCÊ PODE TER NA VIDA, POIS INCLUI TUDO O MAIS.**

No plano competitivo, a luta para ficar rico é uma disputa sem Deus pelo poder sobre outros homens, mas, quando entramos na mente criativa, tudo isso muda.

Tudo o que é possível em termos de grandeza e desenvolvimento da alma, de serviço e esforço elevado vem por meio do enriquecimento, tudo é possível pelo uso das coisas.

Se lhe falta saúde física, você descobrirá que a obtenção dela está condicionada ao seu enriquecimento.

Somente aqueles que estão emancipados das preocupações financeiras e que têm meios para viver uma existência despreocupada e seguir práticas higiênicas podem ter e manter a saúde.

A grandeza moral e espiritual só é possível para aqueles que estão acima da batalha competitiva pela existência; e somente aqueles que estão enriquecendo no plano do pensamento criativo estão livres das influências degradantes da competição. Se seu coração está voltado para a felicidade doméstica, lembre-se de que o amor floresce melhor onde há refinamento, um alto nível de pensamento e liberdade de influências corruptoras; e estes só podem ser encontrados onde as riquezas são alcançadas pelo exercício do pensamento criativo, sem luta ou rivalidade.

Você não pode almejar nada tão grande ou nobre, repito, como tornar-se rico; e você deve fixar sua atenção em sua imagem mental das riquezas, excluindo tudo o que possa tender a obscurecer a visão. Você deve aprender a ver a VERDADE subjacente em todas as coisas; você deve ver sob todas as condições aparentemente erradas a Grande Vida Única, sempre avançando em direção à expressão mais completa e à felicidade mais completa. É a verdade de que não existe pobreza, só há riqueza.

Algumas pessoas permanecem na pobreza porque ignoram o fato de que há riqueza para elas; elas podem ser melhor ensinadas mostrando-lhes o caminho para a prosperidade em sua própria pessoa e prática.

Outros são pobres porque, embora sintam que há uma saída, são intelectualmente indolentes demais para fazer o esforço mental necessário para encontrar esse caminho e percorrê-lo; e para eles a melhor coisa que você pode fazer é despertar o desejo deles, mostrando-lhes a felicidade que vem de ser justamente rico.

Outros ainda são pobres porque, embora tenham alguma noção de ciência, ficaram tão inundados e perdidos no labirinto das teorias metafísicas e ocultas que não sabem que caminho tomar. Eles tentam uma mistura de muitos sistemas e falham em todos. Para eles, novamente, a melhor coisa a fazer é mostrar o caminho certo em sua própria pessoa e prática; 1 grama de fazer coisas vale 1 quilo de teorização. A melhor coisa que você pode fazer pelo mundo inteiro é tirar o máximo de si mesmo. Você não pode servir a Deus e ao homem de maneira mais eficaz do que ficando rico, isto é, se você fica rico pelo método criativo, e não pelo competitivo.

Outra coisa. Afirmamos que este livro fornece em detalhes os princípios da ciência de ficar rico, e, se isso for verdade, você não precisa ler nenhum outro livro sobre o assunto. Isso pode parecer limitado e egoísta, mas considere: não há método mais científico de computação em matemática do que por adição, subtração, multiplicação e divisão; nenhum outro método é possível. Só pode haver uma distância mais curta entre dois pontos. Há apenas uma maneira de pensar cientificamente, e essa é pensar da maneira que conduz pelo caminho mais direto e simples ao objetivo. Nenhum homem formulou ainda um "sistema" mais breve ou menos complexo do que o aqui apresentado; foi despojado de todos os não essenciais. Quando você começar com isso, deixe todos os outros de lado, tire-os completamente de sua mente.

Leia este livro todos os dias, mantenha-o com você, guarde-o na memória e não pense em outros "sistemas" e teorias. Se o fizer, você começará a ter dúvidas e a ser incerto e vacilante em seu pensamento e, então, começará a cometer falhas. Depois de se sair bem e ficar rico, você pode estudar outros sistemas quanto quiser, mas até que você tenha certeza de que obteve o que deseja, não leia nada nessa linha, a não ser este livro, a menos que sejam os autores mencionados no Prefácio. Leia apenas os comentários mais otimistas sobre as notícias do mundo, aqueles em harmonia com sua imagem.

Até agora, este e os capítulos anteriores nos trouxeram à seguinte declaração de fatos básicos:

1. Existe uma matéria pensante da qual todas as coisas são feitas e que, em seu estado original, permeia, penetra e preenche os interespaços do universo.
2. Um pensamento, nessa substância, produz a coisa que é imaginada pelo pensamento.
3. O homem pode formar coisas em seu pensamento e, imprimindo seu pensamento na substância informe, pode fazer com que a coisa em que pensa seja criada.
4. Para fazer isso, o homem deve passar da mente competitiva para a criativa; ele deve formar uma imagem mental clara das coisas que deseja e manter essa imagem em seus pensamentos com o PROPÓSITO fixo de conseguir o que quer e a FÉ inabalável de que consegue o que quer, fechando sua mente contra tudo o que possa tender, abalar seu propósito, obscurecer sua visão ou extinguir sua fé.

Além de tudo isso, veremos agora que ele deve viver e agir da maneira certa.

## DIANTE DA LEITURA, RESPONDA:

1. Que fichas caem?

## 2. Que decisões você toma?

# CAPÍTULO 11

# AGIR DA MANEIRA CERTA

O pensamento é o poder criador ou a força propulsora que faz o poder criador agir. Pensar da maneira certa trará riquezas para você, mas você não deve confiar apenas no pensamento, sem prestar atenção à ação pessoal. Essa é a rocha sobre a qual muitos pensadores metafísicos científicos encontram o naufrágio – o fracasso em conectar o pensamento com a ação pessoal.

Ainda não alcançamos o estágio de desenvolvimento, mesmo supondo que tal estágio seja possível, no qual o homem possa criar diretamente da Substância Disforme sem os processos da natureza ou o trabalho das mãos humanas; o homem não deve apenas pensar, mas sua ação pessoal deve complementar seu pensamento.

Pelo pensamento você pode fazer com que o ouro no coração das montanhas seja impelido em sua direção, mas não vai minerar a si mesmo, refinar-se e vir rolando pelas estradas procurando o caminho para seu bolso.

Sob o poder impulsionador do Espírito Supremo, os assuntos dos homens serão ordenados de tal maneira que alguém será levado a minerar o ouro para você, as transações comerciais de outros homens serão direcionadas de tal forma que o ouro será trazido para você, e você deve organizar os próprios negócios de modo que possa recebê-lo quando chegar a você. Seu pensamento faz com que todas as coisas, animadas e inanimadas, trabalhem para lhe trazer o que deseja, mas sua atividade pessoal deve ser tal que você possa receber corretamente o que deseja quando chegar a você. Você não deve tomá-lo como caridade, nem roubá-lo; você deve dar a cada homem mais em valor de uso do que ele lhe dá em valor em dinheiro.

**O USO CIENTÍFICO DO PENSAMENTO CONSISTE EM FORMAR UMA IMAGEM MENTAL CLARA E DISTINTA DO QUE SE QUER, EM APEGAR-SE AO PROPÓSITO DE CONSEGUIR O QUE DESEJA E EM PERCEBER COM FÉ AGRADECIDA QUE VOCÊ CONSEGUE O QUE QUER.**

Não tente "projetar" seu pensamento de forma misteriosa ou oculta, com a ideia de que ele saia e faça coisas para você; isso é esforço desperdiçado e enfraquecerá seu poder de pensar com sanidade.

A ação do pensamento para enriquecer é totalmente explicada nos capítulos anteriores: sua fé e seu propósito impressionam positivamente sua visão sobre a Substância Disforme, que tem O MESMO DESEJO DE MAIS VIDA QUE VOCÊ TEM; e essa visão, recebida de você, coloca todas as forças criativas em ação DENTRO E POR MEIO DE SEUS CANAIS DE AÇÃO REGULARES mas dirigida a você.

Não é sua responsabilidade orientar e supervisionar o processo criativo; tudo o que você deve fazer é manter sua visão, seu propósito e sua fé e gratidão. Mas você deve agir da maneira certa para que possa se apropriar do que é seu quando se trata de você, para que você possa encontrar as coisas que tem em sua foto e colocá-las em seus devidos lugares à medida que elas chegam. Você pode realmente ver a verdade disso. Quando as coisas chegarem a você, estarão nas mãos de outros homens, que pedirão um equivalente para eles.

Você só pode obter o que é seu dando ao outro o que é dele.

Sua carteira não vai se transformar em uma bolsa da fortuna, que estará sempre cheia de dinheiro sem esforço de sua parte.

Este é o ponto crucial na ciência de ficar rico, na qual o pensamento e a ação pessoal devem ser combinados. Há muitíssimas pessoas que, consciente ou inconscientemente, põem em ação as forças criativas pela força e persistência de seus desejos, mas que permanecem pobres porque não providenciam a recepção da coisa que desejam quando ela chega.

Pelo pensamento, a coisa que você quer é trazida a você; pela ação você o recebe.

Qualquer que seja sua ação, é evidente que você deve agir **AGORA**. Você não pode agir no passado; é essencial para a clareza de sua visão mental que você descarte o passado de sua mente. Você não pode agir no futuro, pois o futuro ainda não chegou.[26] E você não pode dizer como vai querer agir em qualquer contingência futura até que essa contingência chegue.

26. Como explico na Teoria Geral das Memórias (TGM), diferentemente das memórias do passado e da visão do futuro, temos apenas um único contato com o presente, e esse contato é por meio de nossas ações e nossos comportamentos. Enquanto o passado e o futuro acontecem unicamente em nossa mente, o presente acontece principalmente fora, no plano físico e sensorial. Não temos como voltar ao presente, pois ele já terá se tornado passado. Contudo, podemos acessar o passado e o futuro por meio de nossa mente e modificar os registros sobre eles e, assim, alterar o presente. Isso acontece porque todas as nossas memórias registradas pelo cérebro são acompanhadas de emoções e sentimentos, como a alegria ou o entusiasmo. Esse registro fisiológico inscrito nas sinapses registra nossas crenças e nos forma. Por isso, não tenho dúvidas em afirmar que nosso desafio de vida é saber como utilizar os pensamentos e as memórias para criar sinapses neurais novas e mudar as crenças que nos levam a ter resultados ruins, como recorrência de problemas financeiros, correr atrás de quem não reconhece nosso valor e ter problemas emocionais.

27. O sucesso não está apenas no que fazemos, mas no porquê e no como fazemos. Não há problema em ter dinheiro guardado e usá-lo eventualmente em uma emergência. O problema está em quando

Mesmo que você não esteja no negócio certo, ou no ambiente certo agora, não adie a ação até entrar no negócio ou ambiente certo. Não gaste tempo no presente pensando no melhor percurso em possíveis emergências futuras; tenha fé em sua capacidade de atender a qualquer emergência quando ela chegar.[27]

Se você agir no presente com a mente voltada para o futuro, sua ação presente será com a mente dividida e, por isso, não será eficaz. Coloque toda a sua mente na ação presente. Não dê seu impulso criativo à Substância Original e depois fique sentado esperando os resultados; se você fizer isso, você nunca vai obtê-los. Aja agora.[28] Nunca há nem haverá tempo além do agora. Se você quiser começar a se preparar para receber o que deseja, comece agora.

Você deve agir, da maneira que for, em seu atual negócio ou empregoe sobre as pessoas e as coisas em seu ambiente atual. Você não pode agir onde não está, não pode agir onde esteve nem onde ainda estará, você pode agir somente onde está. Não se preocupe se o trabalho de ontem foi bem-feito ou malfeito; faça bem o trabalho de hoje.

se estabelece uma meta de ter dinheiro para os dias difíceis.

Conto um relato verídico em meu treinamento Inteligência Financeira, no qual uma senhora me relatou que sua vida era uma repetição de problemas e que ela sabia que, se não tivesse problemas no fim do ano, teria problemas no início do ano seguinte e, por isso, ela passava o ano todo juntando dinheiro para os imprevistos. Ela me falou sobre a advertência que sua mãe fez durante toda a vida, até no leito de morte: "Minha filha, esteja preparada, porque a vida é difícil. Quando você menos espera, os problemas surgem". Resumindo, após uma série de acontecimentos ruins em sua vida, ela sempre dizia: "Graças a Deus eu tinha minhas economias para esses dias". Contudo, depois que ela aprendeu o poder das crenças, passou a ter dinheiro para realizar seus sonhos. Eu a encontrei em março de 2016, no aeroporto em direção à Itália; sua fala era cheia de gratidão e de conquistas. Como ela havia parado de guardar dinheiro para os dias difíceis, sua vida mudara completamente. E você? Ainda pensa em guardar dinheiro para os dias difíceis?

28. Para entender profundamente como agir, recomendo a leitura do capítulo 1 de meu livro *O poder da ação.*

Não tente fazer o trabalho de amanhã agora; haverá muito tempo para fazer isso quando você chegar a ele. Não tente, por meios ocultos ou místicos, agir sobre pessoas ou coisas que estão fora de seu alcance. Não espere por uma mudança de ambiente antes de agir; obtenha uma mudança de ambiente pela ação.

Você pode agir sobre o ambiente em que está agora, de modo que faça com que seja transferido para um ambiente melhor. Mantenha com fé e propósito a visão de si mesmo em um ambiente melhor, mas aja de acordo com seu ambiente atual com todo o seu coração, com toda a sua força e com toda a sua mente. Não perca tempo sonhando acordado ou construindo castelos; mantenha a visão do que você quer e aja **AGORA**.

Não fique procurando alguma coisa nova para fazer ou alguma ação estranha, incomum ou notável para realizar como um primeiro passo para ficar rico. É provável que suas ações, pelo menos por algum tempo, sejam aquelas que você vem realizando há algum tempo, mas comece agora a realizar essas ações da maneira certa, o que certamente o tornará rico.

Se você está envolvido em algum negócio e sente que não é o certo para você, não espere até entrar no negócio certo antes de começar a agir. Não se sinta desencorajado, nem fique sentado lamentando que está fora do lugar. Nenhum homem jamais esteve tão fora de lugar, a não ser que não pudesse encontrar o lugar certo. Nenhum homem jamais se envolveu tanto no negócio errado, a não ser que pudesse entrar no negócio certo.

Mantenha a visão de si mesmo no negócio certo, com o propósito de entrar nele e a fé de que você entrará nele e está entrando nele; mas AJA em seu negócio atual. Use seu negócio atual como meio de obter um melhor e use seu ambiente atual como meio de entrar em um melhor. Sua visão do negócio certo, se mantida com fé e propósito, fará com que o Supremo mova o negócio certo para você; e sua ação, se realizada da Maneira Certa, fará com que você se mova em direção ao negócio.

Se você é um empregado ou assalariado e sente que precisa mudar de lugar para conseguir o que quer, não "projete" seu pensamento no espaço e confie nele para conseguir outro emprego. Provavelmente não o fará. Mantenha a visão de si mesmo no trabalho que deseja, enquanto você AGE com fé e propósito no trabalho que tem, e certamente conseguirá o trabalho que deseja. Sua visão e fé colocarão a força criativa em movimento para trazê-la até você, e sua ação fará com que as forças em seu próprio ambiente o movam para o lugar que você deseja. Ao encerrar este capítulo, adicionaremos outra declaração ao nosso programa:

1. Existe uma matéria pensante da qual todas as coisas são feitas e que, em seu estado original, permeia, penetra e preenche os interespaços do universo.
2. Um pensamento, nesta substância, produz a coisa que é imaginada pelo pensamento.
3. O homem pode formar coisas em seu pensamento e, imprimindo seu pensamento na substância informe, pode fazer com que a coisa em que pensa seja criada.

4. Para fazer isso, o homem deve passar da mente competitiva para a criativa; ele deve formar uma imagem mental clara das coisas que deseja e manter essa imagem em seus pensamentos com o PROPÓSITO fixo de conseguir o que quer e a FÉ inabalável de que consegue o que quer, fechando sua mente para tudo o que possa tender a abalar seu propósito, obscurecer sua visão ou extinguir sua fé.
5. Para que ele possa receber o que quer quando vier, o homem deve agir AGORA sobre as pessoas e as coisas em seu ambiente atual.

## DIANTE DA LEITURA, RESPONDA:

1. Que fichas caem?

2. Que decisões você toma?

# CAPÍTULO 12
# AÇÃO EFICIENTE

Você deve usar seu pensamento conforme indicado nos capítulos anteriores e começar a fazer tudo o que puder onde estiver.

Você só pode avançar sendo maior que seu lugar atual; e nenhum homem é maior que seu lugar atual, que deixa de fazer qualquer trabalho pertencente a esse lugar.

O mundo avança apenas por aqueles que mais do que preenchem seus lugares atuais.[29]

Se nenhum homem preencheu completamente seu lugar atual, deve haver um retrocesso em tudo. Aqueles que não preenchem completamente seus lugares atuais são um peso morto para a sociedade, o governo, o comércio e a indústria; eles devem ser levados por outros a um grande custo.[30] O progresso do mundo é retardado apenas por aqueles que não ocupam os lugares que ocupam; eles pertencem a uma era anterior e a um estágio ou plano de vida inferior, e sua tendência é a degeneração. Nenhuma sociedade poderia avançar se todo homem fosse menor que seu lugar, a evolução social é guiada pela lei da evolução física e mental. No mundo animal, a evolução é causada pelo excesso de vida.

Quando um organismo tem mais vida do que pode ser expresso nas funções do

29. Posicionamento é a chave de uma vida de grandes resultados. A partir do momento em que você cria e mergulha em uma visão positiva de futuro, naturalmente você se posiciona de forma poderosa. Você nunca encontrará alguém de sucesso duradouro sem um posicionamento forte. Por isso, posicione-se.

30. Quando você se posiciona (da forma certa), você cria excelência, corrige, influencia, guia, eleva e progride extraordinariamente. Você se torna o líder do espaço que estiver. O sucesso acontece quando cumprimos nosso papel e ocupamos nossos espaços.

próprio plano, ele desenvolve os órgãos de um plano superior e uma nova espécie se origina. Nunca haveria novas espécies se não houvesse organismos que mais do que preencheram seus lugares. A lei é exatamente a mesma para você: seu enriquecimento depende de você aplicar esse princípio aos próprios negócios. Todo dia é um dia de sucesso ou um dia de fracasso, e são os dias de sucesso que lhe dão o que você quer. Se todos os dias forem de fracasso, você nunca poderá ficar rico, mas se todos os dias forem de sucesso, você não pode deixar de ficar rico. Se há algo que pode ser feito hoje e você não o faz, você falhou no que diz respeito a isso e as consequências podem ser mais desastrosas do que imagina.

Você não pode prever os resultados nem mesmo do ato mais trivial; você não conhece o funcionamento de todas as forças que foram postas em movimento em seu favor. Muito pode estar dependendo de você fazer algum ato simples, pode ser exatamente o que deve abrir a porta da oportunidade para possibilidades muito grandes. Você nunca pode conhecer todas as combinações que a Inteligência Suprema está fazendo para você no mundo das coisas e dos assuntos humanos; sua negligência ou falha em fazer alguma coisa pequena pode causar um longo atraso na obtenção do que deseja.

Todos os dias faça tudo o que puder naquele dia. Há, no entanto, uma limitação ou qualificação dos itens anteriores que você deve levar em consideração.

Você não deve trabalhar demais, nem se apressar cegamente em seus negócios no esforço de fazer o maior número possível de coisas no menor tempo possível.

Você não deve tentar fazer o trabalho de amanhã hoje, nem fazer o trabalho de uma semana em um dia.

31. Essa, sem dúvida, é uma das três obsessões que todo empresário deve ter - a Entrega Extraordinária, em que as necessidades cognitivas de seu cliente são atendidas perfeitamente, e ele ainda se sente importante, pertencente e compartilhando uma missão. Pare e pense: você, sinceramente, dorme e acorda pensando em como extrair o "uau" de seu cliente? Em como surpreendê-lo? O que você tem feito para entregar mais do que o seu cliente espera? O lado bom de se compreender o significado dessa obsessão é que você pode levá-la para a vida pessoal, por exemplo: quanto você tem feito uma entrega extraordinária para seus filhos/filhas? Para sua esposa ou marido? De 0 a 10, quanto está sua entrega como pai/mãe para sua família? Lembre-se: a alta performance não fica reservada apenas à área profissional, mas a toda a sua vida.

Na verdade, não é o número de coisas que você faz, mas a **EFICIÊNCIA** de cada ação separada que conta.

Todo ato é, em si, um sucesso ou um fracasso. Todo ato é, em si, eficaz ou ineficiente. Todo ato ineficiente é um fracasso, e se você passar a vida fazendo atos ineficientes, toda a sua vida será um fracasso. Quanto mais coisas você fizer, pior para você, se todos os seus atos forem ineficientes.

Por outro lado, todo ato eficiente é um sucesso em si mesmo, e se todo ato de sua vida for eficiente, toda a sua vida **DEVE** ser um sucesso. A causa do fracasso é fazer muitas coisas de maneira ineficiente e não fazer coisas suficientes de maneira eficiente.[31]

Você verá que é uma proposição autoevidente que, se você não fizer nenhum ato ineficiente e fizer um número suficiente de atos eficientes, tornará você rico. Se, agora, é possível tornar cada ato eficiente, você percebe que a obtenção de riquezas é reduzida a uma ciência exata, como a matemática.

A indagação gira, então, sobre a questão de saber se você pode fazer com que cada ato separado seja um sucesso em si. E isso você certamente pode fazer. Você pode fazer de cada ato um sucesso, porque todo o poder está trabalhando com você, e TODO o poder não pode falhar. O poder está a seu serviço; para tornar cada ato eficiente, basta colocar poder nele. Toda ação é forte ou fraca – quando cada uma é forte, você está agindo da maneira certa que o tornará rico. Cada ato pode se tornar forte e eficiente mantendo sua visão enquanto você o está executando, colocando todo o poder de sua FÉ e seu PROPÓSITO nele.

É nesse ponto que falham as pessoas que separam o poder mental da ação pessoal. Elas usam o poder da mente em um lugar e em um momento e agem em outro ritmo e em outro momento. Assim, seus atos não são bem-sucedidos, muitos deles são ineficientes. Mas se TODO o Poder entrar em cada ato, não importa quão banal, cada ato será um sucesso; e como na natureza das coisas todo sucesso abre o caminho para outros sucessos, seu progresso em direção ao que você deseja e o progresso do que você almeja em sua direção se tornarão cada vez mais rápidos.

Lembre-se de que a ação bem-sucedida é cumulativa em seus resultados. Como o desejo por mais vida é inerente a todas as coisas, quando um homem começa a se mover em direção a uma vida maior, mais coisas se ligam a ele, e a influência de seu desejo é multiplicada. Todos os dias, faça tudo o que puder naquele dia e efetue cada ato de maneira eficiente.

Ao dizer que você deve manter sua visão enquanto estiver realizando cada ato, por mais trivial ou comum que seja, não quero dizer que seja necessário em todos os momentos ter a visão distintamente em seus mínimos detalhes. Deve ser o trabalho de suas horas de lazer usar a imaginação nos detalhes de sua visão e contemplá-los até que estejam firmemente fixados na memória. Se você deseja resultados rápidos, utilize praticamente todo o seu tempo livre nessa prática.

Pela contemplação contínua, você obterá a imagem do que deseja, mesmo nos mínimos detalhes, tão firmemente fixado em sua mente e tão completamente transferido para a mente da Substância Amorfa, que nas horas de trabalho você precisa apenas se referir mentalmente à imagem para estimular sua fé e seu propósito e fazer com que seu melhor esforço seja feito. Contemple sua imagem nas horas de lazer até que sua consciência esteja tão cheia dela que você possa captá-la instantaneamente. Você ficará tão entusiasmado com suas promessas brilhantes que o mero pensamento disso despertará as energias mais fortes de todo o seu ser.

Vamos novamente repetir nosso programa de estudos e, alterando ligeiramente as declarações finais, trazê-lo ao ponto que agora alcançamos.

1. Existe uma matéria pensante da qual todas as coisas são feitas e que, em seu estado original, permeia, penetra e preenche os interespaços do universo.
2. Um pensamento, nessa substância, produz a coisa que é imaginada pelo pensamento.
3. O homem pode formar coisas em seu pensamento e, imprimindo seu pensamento na Substância Disforme, pode fazer com que a coisa em que pensa seja criada.
4. Para fazer isso, o homem deve passar da mente competitiva para a criativa; ele deve formar uma imagem mental clara das coisas que deseja e fazer, com fé e propósito, tudo o que pode ser feito a cada dia, realizando cada coisa separadamente de maneira eficiente.

## DIANTE DA LEITURA, RESPONDA:

1. Que fichas caem?

## 2. Que decisões você toma?

# CAPÍTULO 13

# ENTRANDO NO NEGÓCIO CERTO

O **SUCESSO**, em qualquer negócio em particular, depende, em primeiro lugar, de você ter em um estado bem desenvolvido as habilidades exigidas nesse negócio.

Sem uma boa habilidade musical, ninguém pode ter sucesso como professor de música; sem habilidades mecânicas bem desenvolvidas, ninguém pode alcançar grande sucesso em nenhum dos ofícios mecânicos; sem tato e habilidades comerciais, ninguém pode ter sucesso em atividades mercantis. No entanto, ter em um estado bem desenvolvido as competências exigidas em sua vocação particular não garante o enriquecimento. Há músicos que têm um talento notável, mas continuam pobres; há ferreiros, carpinteiros etc. com excelente habilidade mecânica, mas que não enriquecem; e há mercadores com facilidade para lidar com homens que fracassam.

As diferentes aptidões são ferramentas; é essencial ter boas ferramentas, mas também é primordial que sejam usadas da maneira certa. Um homem pode pegar uma serra afiada, um esquadro, uma boa tábua e construir um belo artigo de mobília; outro homem pode pegar as mesmas ferramentas e começar a trabalhar para duplicar o artigo, mas sua produção será um fracasso, pois não sabe usar boas ferramentas com sucesso.

As várias habilidades de sua mente são as ferramentas com as quais você deve fazer o trabalho que deve torná-lo rico. Será mais fácil ter sucesso se você entrar em um negócio para o qual esteja bem equipado com ferramentas mentais.

De modo geral, você se sairá melhor naquele negócio que usará suas faculdades mais fortes, aquele para o qual você está naturalmente "mais preparado". Mas há limitações para esta afirmação, também. Nenhum homem deve considerar sua vocação irrevogavelmente fixada pelas tendências com as quais nasceu.[32]

Você pode ficar rico em **QUALQUER** negócio, pois, se você não tem o talento certo para desenvolver esse talento, você terá de fazer suas ferramentas à medida que avança, em vez de se limitar ao uso daquelas com as quais você nasceu. Será **MAIS FÁCIL** ter sucesso em uma área para a qual você já tem o talento bem desenvolvido.

Contudo, você **PODE** ter sucesso em qualquer área, pois você pode desenvolver qualquer talento rudimentar; e não há talento do qual você não tenha pelo menos o conhecimento básico.

Você ficará rico com mais facilidade em termos de esforço, se fizer aquilo para o qual é mais adequado, mas você ficará rico mais satisfatoriamente se fizer o que **DESEJA**.

Fazer o que você quer é vida e não há satisfação real em viver se formos compelidos a fazer algo de que não gostamos e nunca fazer o que queremos. É certo também que você pode fazer o que quiser; o desejo de fazê-lo é a prova de

32. A professora Jennifer Chatman, da Universidade de Berkley, realizou, em 2020, uma pesquisa com diversos empregados de empresas da lista da *Fortune 1000* sobre cultura empresarial, motivação e bem-estar. Ela percebeu que em cada empresa há um consenso sobre qual é a mentalidade dominante dos colaboradores da empresa e como ela tem o poder de influenciar no resultado dos projetos.

De acordo com a pesquisa, nas empresas cuja mentalidade é fixa, os colaboradores sentem que somente alguns deles, aqueles tidos como brilhantes, devem ser bastante valorizados e, assim, a empresa não investe de verdade nos demais funcionários. Nessas companhias os pesquisados também admitiram manter segredos, pegar atalhos e trapacear para subir. Já nas empresas que estimulam uma mentalidade de crescimento, os colaboradores têm 47% mais chances de dizer que seus colegas são confiáveis, 49% mais probabilidade de dizer que a companhia dissemina a inovação e 65% mais chances de dizer que a companhia suporta tomada de risco por parte dos colaboradores. Se o fracasso não é um rótulo, mas apenas um resultado de um teste, os colaboradores tendem a avançar muito mais.

A realidade em grande parte das empresas é a que seus colaboradores têm uma mentalidade fixa pessimista ao lado de uma mentalidade de crescimento otimista, e esse contraste impacta diretamente não apenas no rendimento de performance como também na receita da empresa mensalmente.

que você tem dentro de si mesmo o poder que o capacita a fazê-lo.

O desejo é uma manifestação de poder. O desejo de tocar música é o poder que o capacita a tocar música buscando expressão e desenvolvimento; o desejo de inventar dispositivos mecânicos é o talento mecânico que busca expressão e desenvolvimento.

Onde não há poder, desenvolvido ou não, para fazer uma coisa, nunca há desejo de fazê-la; e onde há forte desejo de fazer uma coisa, é a prova certa de que o poder de fazê-lo é forte e só precisa ser desenvolvido e aplicado da Maneira Correta.

Tudo o mais sendo igual, é melhor selecionar o negócio para o qual você tem o talento mais desenvolvido, mas, se você tem um forte desejo de se engajar em qualquer linha de trabalho em particular, você deve selecionar esse trabalho como o fim que você almeja.

Você pode fazer o que quiser; é seu direito e privilégio seguir o negócio ou a vocação que será mais agradável e prazeroso. Você não é obrigado a fazer o que não gosta, e não deve fazê-lo, exceto como um meio de levá-lo a fazer o que deseja. Se houver erros passados cujas consequências o tenham colocado em um negócio ou ambiente indesejável, você pode ser obrigado por algum tempo a fazer o que não gosta, mas você pode tornar prazeroso fazê-lo sabendo que ele está possibilitando que você venha a fazer o que deseja.

Se você sente que não está na vocação certa, não aja com muita pressa ao tentar entrar em outra. A melhor maneira, geralmente, de mudar os negócios ou o ambiente é pelo crescimento.

Não tenha medo de fazer uma mudança repentina e radical se a oportunidade for apresentada e você sentir, após cuidadosa consideração, que é a oportunidade certa.[33]

Nunca há pressa no plano criativo, e não falta oportunidade. Quando sair da mente competitiva, você entenderá que nunca precisa agir precipitadamente. Ninguém mais vai bater em você na coisa que quer fazer, pois há o suficiente para todos. Se um espaço for ocupado, outro e um melhor será aberto para você um pouco mais adiante; há muito tempo. Na dúvida, espere. Volte para a contemplação de sua visão e aumente sua fé e seu propósito; e por todos os meios, em tempos de dúvida e indecisão, cultive a gratidão.

Um dia ou dois gastos em contemplar a visão do que quer e em fervorosa ação de graças que você está conseguindo levará sua mente a um relacionamento tão próximo com o Supremo que você não cometerá nenhum erro quando agir. Há uma mente que sabe tudo o que há para saber; e você pode entrar em íntima unidade com essa mente pela fé e pelo propósito de avançar na vida, se tiver profunda gratidão. Os erros vêm de agir precipitadamente ou de agir com medo ou dúvida ou no esquecimento do

33. Em momentos assim, a desculpa para a insegurança é a crise (e não importa em que ano você esteja lendo este texto, com certeza está acontecendo uma crise no mundo e em sua vida). As pessoas estão preocupadas demais, e não falo somente de momentos dramáticos, falo do dia a dia. O mundo está tomado pelo medo. Parece que viver assustado passou a ser um estilo de vida. A insegurança mata a alegria de viver, pois o medo é seu pior inimigo. Cada mudança na vida exige uma nova atitude que deve estar alimentada pela confiança, pois amar com medo é perigoso, trabalhar preocupado é abrir as portas para o fracasso e, principalmente, viver com medo é morrer mantendo o corpo vivo. A confiança é a melhor vacina contra a insegurança e as preocupações.

As pessoas que admiramos são as que conquistaram seus objetivos de vida. Já as pessoas frustradas são aquelas que deixaram os sonhos no mundo das ilusões. O campeão é quem transforma o impossível em realidade. Provavelmente, neste momento da sua vida existem metas em seu mundo dos sonhos. O que você precisa para realizá-las é acreditar em seu potencial e ter um método que facilite alcançar o sucesso.

Motivo Certo, que é mais vida para todos e menos para ninguém.

À medida que você avança no Caminho Certo, as oportunidades virão a você em número crescente; e você precisará ser muito firme em sua fé e seu propósito e manter-se em contato íntimo com a Mente Total por meio de gratidão reverente.

Faça tudo o que puder de maneira perfeita todos os dias, mas sem pressa, preocupação ou medo. Vá o mais rápido que puder, mas nunca se apresse.

Lembre-se de que no momento em que começa a se apressar, você deixa de ser um criador e se torna um concorrente, volta ao velho plano novamente.

Sempre que você estiver com pressa, pare, fixe sua atenção na imagem mental da coisa que quer e comece a agradecer por estar conseguindo. O exercício da **GRATIDÃO** nunca deixará de fortalecer sua fé e renovar seu propósito.

## DIANTE DA LEITURA, RESPONDA:

1. Que fichas caem?

## 2. Que decisões você toma?

## CAPÍTULO 14

# A IMPRESSÃO DE PROSPERIDADE

Quer você mude sua vocação ou não, suas ações no momento devem ser aquelas relacionadas ao negócio em que está envolvido agora.

Você pode entrar no negócio que deseja fazendo uso construtivo do negócio em que já está estabelecido, fazendo seu trabalho diário da maneira certa.

E, na medida em que seu negócio consiste em lidar com outros homens, seja pessoalmente, seja por carta, o pensamento-chave de todos os seus esforços deve ser transmitir às mentes deles a impressão de aumento.

Prosperidade é o que todos os homens e todas as mulheres procuram; é o impulso da Inteligência Disforme dentro deles, que busca uma expressão mais completa.

O desejo de prosperidade é inerente a toda natureza; é o impulso fundamental do universo.[34] Todas as atividades humanas são baseadas no desejo de crescimento; as pessoas estão procurando mais comida, mais roupas, melhor abrigo, mais luxo, mais beleza, mais conhecimento, mais prazer — aumento de algo, mais vida.

Todo ser vivo está sob essa necessidade de avanço contínuo; onde cessa o aumento da vida, a dissolução e a morte se instalam ao mesmo tempo.

34. A Bíblia diz que a vontade de Deus é boa, perfeita e agradável. Isso significa que o propósito de Deus para todas as coisas reflete sua natureza pura, santa e justa. A boa, perfeita e agradável vontade de Deus se manifesta por meio de sua graça, de suas misericórdias e também de sua justiça.

O homem sabe disso instintivamente e, portanto, está sempre buscando mais. Essa lei da prosperidade perpétua é apresentada por Jesus na parábola dos talentos; apenas aqueles que ganham mais retêm algum, aquele que não tem lhe será tirado até o que tem.

O desejo normal de aumentar a riqueza não é um mal ou uma coisa repreensível, é simplesmente o desejo de uma vida mais abundante; é aspiração.

E como é o instinto mais profundo de suas naturezas, todos os homens e mulheres são atraídos por aquele que pode lhes dar mais meios de vida.

Ao seguir o Caminho Certo, conforme descrito nas páginas anteriores, você está obtendo crescimento contínuo para si mesmo e está dando isso a todos com quem você lida.

Você é um centro criativo, do qual a prosperidade é dada a todos.

Certifique-se disso e transmita a certeza do fato a cada homem, mulher e criança com quem você entrar em contato. Não importa quão pequena seja a transação, mesmo que seja apenas a venda de um pedaço de doce para uma criança, coloque nela o pensamento de prosperidade e garanta que o cliente fique impressionado com o pensamento.

Transmita a impressão de progresso em tudo o que você faz, para que todas as pessoas recebam a sensação de que você é um homem que avança e que você promove todos os que lidam com você. Mesmo para as pessoas que você conhece socialmente, sem pensar em negócios, e para quem não tenta vender nada, pense em aumentar essa impressão.

Você pode transmitir essa impressão mantendo a fé inabalável de que você mesmo está no caminho da prosperidade, deixando essa fé inspirar, preencher e permear cada ação.

Faça tudo o que puder na firme convicção de que você é uma personalidade em desenvolvimento e que está promovendo o progresso a todos.

Sinta que você está ficando rico e que, ao fazê-lo, está enriquecendo os outros e conferindo benefícios a todos.

Não se vanglorie de seu sucesso, nem fale sobre ele desnecessariamente; a verdadeira fé nunca é assim.

Onde quer que encontre uma pessoa arrogante, você encontra alguém que é secretamente duvidoso e temeroso. Simplesmente sinta a fé e deixe-a funcionar em cada transação; deixe que cada ato, tom e olhar expressem a tranquila certeza de que você está ficando rico; que você já é rico. As palavras não serão necessárias para comunicar esse sentimento aos outros; eles sentirão a sensação de prosperidade quando estiverem em sua presença e serão atraídos por você novamente.

Você deve impressionar os outros de tal maneira que eles sintam que, associando-se a você, obterão crescimento para si mesmos.[35] Certifique-se de dar a eles um

35. Quando você está vivendo uma metanoia em sua vida, começa a desenvolver um ecossistema tão próspero e que contribui para a vida de todos os que estão ao seu redor, que outras pessoas começam a desejar fazer parte. Essa forma de impressionar, no entanto, não pode se tornar uma maneira egoísta, pois isso começará a tornar os ganhos de seu ecossistema limitados.

valor de uso maior que o valor em dinheiro que você está tirando deles.

Tenha orgulho em fazer isso e deixe que todos saibam disso; assim, você não terá falta de clientes. As pessoas – homens e mulheres que nunca ouviram falar de você – vão para onde recebem prosperidade, e o Supremo, que deseja o crescimento em tudo e que tudo conhece, se moverá em direção a vocês. Seu negócio crescerá rapidamente e você ficará surpreso com os benefícios inesperados que virão para você. Você poderá dia a dia fazer combinações maiores, obter mais vantagens e seguir uma vocação mais agradável, se desejar fazê-lo.

Mas, fazendo tudo isso, você nunca deve perder de vista sua visão do que quer ou sua fé e seu propósito para conseguir o que deseja. Deixe-me aqui dar-lhe outra palavra de cautela em relação aos motivos: cuidado com a tentação insidiosa de buscar poder sobre outros homens.

Nada é tão agradável para a mente não formada ou parcialmente desenvolvida quanto o exercício do poder ou domínio sobre os outros. O desejo de governar para a satisfação egoísta tem sido a maldição do mundo. Por incontáveis eras, reis e senhores encharcaram a terra com sangue em suas batalhas para estender seus domínios; não para buscar mais vida para todos, mas para obter mais poder para si mesmos.

Hoje, o principal motivo no mundo empresarial e industrial é o mesmo; os homens organizam seus exércitos de dólares e destroem as vidas e os corações de milhões na mesma luta louca pelo poder sobre os outros. Reis comerciais, como reis políticos, são inspirados pelo desejo de poder.

Jesus viu nesse desejo de domínio o impulso comovente daquele mundo maligno que Ele procurou derrubar. Leia o capítulo 23 de Mateus e veja como Ele retrata a luxúria dos fariseus de serem chamados de "mestre", de sentar-se nos lugares altos, de dominar os outros e de colocar fardos nas costas dos menos afortunados; e observe como Ele compara esse desejo de domínio com a busca fraterna do Bem Comum ao qual Ele chama Seus discípulos.

Fique atento à tentação de buscar autoridade, de se tornar um "mestre", de ser considerado alguém que está acima do rebanho comum, de impressionar os outros com exibições luxuosas e assim por diante.

A mente que busca dominar os outros é a mente competitiva; e a mente competitiva não é a criativa. Para dominar seu ambiente e seu destino, não é absolutamente necessário que você governe seus semelhantes e, de fato, quando você cai na luta do mundo pelos lugares altos, você começa a ser conquistado pelo destino e pelo ambiente, e seu enriquecimento se torna uma questão de sorte e especulação.

Cuidado com a mente competitiva! Nenhuma declaração melhor do princípio da ação criativa pode ser formulada do que a declaração favorita do falecido "Golden Rule" Jones de Toledo: "O que quero para mim, quero para todos".

## DIANTE DA LEITURA, RESPONDA:

1. Que fichas caem?

## 2. Que decisões você toma?

A CIÊNCIA DE FICAR
RICO

# CAPÍTULO 15

# O HOMEM QUE AVANÇA

O que eu disse no capítulo anterior se aplica tanto ao profissional assalariado quanto ao homem que está envolvido em negócios próprios.

Não importa se você é um médico, um professor ou um clérigo, se puder dar vida aos outros e torná-los conscientes do fato, eles serão atraídos por você e você ficará rico.[36] O médico que tem a visão de si mesmo como um grande e bem-sucedido curador e que trabalha para a completa realização dessa visão com fé e propósito, conforme descrito nos capítulos anteriores, entrará em contato tão próximo com a Fonte da Vida que será fenomenalmente bem-sucedido; os pacientes virão a ele em multidões.

Ninguém tem maior oportunidade de pôr em prática o ensino deste livro que o praticante da medicina, não importa a qual das várias escolas ele pertença, pois o princípio da cura é comum a todas elas e pode ser alcançado por todos igualmente. O homem próspero na medicina, que mantém uma imagem mental clara de si mesmo como bem-sucedido e que obedece às leis da fé, do propósito e da gratidão, curará todos os casos curáveis que empreenda, não importa quais remédios ele utilize.

36. Pare e pense: qual é a sua promessa de valor? Você está entregando mais um serviço ou a transformação de vida de seu cliente? Lembre-se de que, para se diferenciar de seus concorrentes, você precisa ser um resolvedor de problemas. Ou seja, quanto mais especializado e difícil o problema que você soluciona, mais você vai lucrar. É uma lógica simples.

No campo da religião, o mundo clama pelo clérigo que possa ensinar a seus seguidores a verdadeira ciência da vida abundante. Aquele que domina os detalhes da ciência de ficar rico, juntamente com as ciências aliadas de estar bem, de ser grande e de conquistar o amor, e que ensina esses detalhes do púlpito nunca faltará uma congregação. Este é o evangelho que o mundo precisa; dará aumento de vida, e os homens o ouvirão com prazer e apoiarão incondicionalmente o homem que trouxer essa pessoa a eles.

O que é necessário agora é uma demonstração da ciência da vida do púlpito. Queremos pregadores que possam não apenas nos dizer como, mas que nos mostrem o caminho. Precisamos do pregador que será rico, saudável, grande e amado para nos ensinar como alcançar essas coisas; quando ele chegar, encontrará numerosos e leais seguidores.

O mesmo se aplica ao professor que pode inspirar as crianças com a fé e o propósito da vida em progresso. Ele nunca ficará "desempregado". Qualquer professor que tenha essa fé e propósito pode transmiti-los a seus alunos; ele não pode deixar de ensiná-los se fizer parte de sua vida.

O que é verdade para o professor, pregador e médico é o mesmo para o advogado, dentista, corretor de imóveis, corretor de seguros — para todos.

A ação mental e pessoal combinada descrita é infalível; não pode falhar. Todo homem e mulher que seguir essas instruções com firmeza, perseverança e ao pé da letra ficará rico. A lei do Aumento da Vida é tão matematicamente certa em sua operação quanto a lei da gravitação; ficar rico é uma ciência exata.

O assalariado acreditará que isso é possível tanto em seu caso como em qualquer outro mencionado anteriormente. Não pense que você não tem chance de ficar rico porque está trabalhando onde não há oportunidade visível de avanço, onde os salários são baixos e o custo de vida alto.[37] Forme sua visão mental clara do que deseja e comece a agir com fé e propósito.

Faça todo o trabalho que puder todos os dias e execute cada trabalho de uma maneira perfeitamente bem-sucedida; coloque o poder do sucesso e o propósito de ficar rico em tudo o que faz.

Entretanto, não faça isso apenas com a ideia de bajular seu empregador, na esperança de que ele, ou aqueles acima de você, veja seu bom trabalho e o promova; não é provável que o faça.

O homem que é meramente um "bom" trabalhador, preenchendo seu lugar com o melhor de sua capacidade e satisfeito com isso, é valioso para seu empregador; e não é do interesse dele promovê-lo; esse trabalhador vale mais onde está.

Para garantir o avanço, é necessário algo mais do que ser grande demais para seu lugar.

37. Acredito, como já falei, que fomos criados por Deus para uma vida abundante em todos os aspectos. E que os acontecimentos da vida de qualquer pessoa, por si só, deveriam levá-la a esse padrão de excelência. Por isso, cuidado com essas historinhas de que você precisa largar o emprego em que está para enriquecer. Essas estruturas linguísticas, verbais e mentais que validam, explicam e justificam nossos fracassos, nossas falhas e nossos insucessos. Uma maneira às vezes sutil e outras vezes explícita de não nos responsabilizarmos por resultados, ações e comportamentos que não deram certo em nossa vida. Como é cômodo ou menos oneroso ser demitido e ter toda uma historinha ensaiada para explicar, ou melhor, justificar o porquê do ocorrido.

O homem que certamente avançará é aquele que é grande demais para seu lugar e que tem um conceito claro do que quer ser,[38] que sabe que pode se tornar o que quer ser e que está determinado a **SER** o que quer.

Não tente fazer mais que preencher seu lugar atual com o objetivo de agradar seu empregador; faça isso com a ideia de avançar a si mesmo. Mantenha a fé e o propósito do aumento antes, durante e depois do horário de trabalho. Mantenha-os de tal maneira que todas as pessoas que entrarem em contato com você, seja chefe, colega de trabalho ou conhecido social, sintam o poder do propósito irradiando de você, para que cada um tenha a sensação de seu avanço e crescimento. Os homens serão atraídos por você e, se não houver possibilidade de avanço em seu emprego atual, logo verá uma oportunidade de outro emprego.

Há um Poder que sempre apresenta oportunidade para o homem próspero que está se movendo em obediência à lei.

Não há nada em suas circunstâncias ou na situação industrial que possa mantê-lo para baixo. Se você não pode ficar rico trabalhando para o monopólio do

38. Trabalhando há mais de 20 anos na área de coaching, posso afirmar que todo processo de transformação começa com a identificação do Estado Atual, ou seja, como estão a vida e os resultados do cliente naquele momento e com a definição do cliente de seus objetivos, o que chamamos de Estado Desejado. Identificando, analisando e estabelecendo as metas e os objetivos certos, de maneira correta e pelos motivos corretos, o objetivo dessa etapa é o fundamento do coaching: VISÃO + AÇÃO = RESULTADO.

aço, você pode ficar rico em uma fazenda de 10 acres; e se você começar a se mover no Caminho Certo, certamente escapará das "garras" do monopólio e seguirá para a fazenda ou para onde quer que deseje estar.

Se alguns milhares de seus empregados entrassem no Caminho Certo, o monopólio logo estaria em má situação; teria de dar mais oportunidades a seus trabalhadores ou sair do negócio. Ninguém precisa trabalhar para um fundo; os monopólios só podem manter os homens nas chamadas condições sem esperança enquanto houver homens ignorantes demais para conhecer a ciência de ficar rico ou preguiçosos intelectualmente demais para praticá-la.

Comece a pensar e agir dessa maneira e sua fé e seu propósito o farão ver rapidamente qualquer oportunidade de melhorar sua condição. Tais oportunidades virão rapidamente, pois o Supremo, trabalhando em Tudo e para você, as trará diante de você. Não espere uma oportunidade para ser tudo o que você quer ser; quando uma oportunidade de ser mais do que você é agora é apresentada e você se sente impelido a isso, agarre-a. Será o primeiro passo para uma oportunidade maior. Não existe algo possível nesse universo como a falta de oportunidades para o homem que está vivendo uma vida avançada.

É inerente à constituição do cosmos que todas as coisas sejam para ele e trabalhem juntas para seu bem; e ele certamente deve ficar rico se agir e pensar da maneira certa. Portanto, se homens e mulheres assalariados estudarem este livro com grande cuidado e entrarem com confiança no curso de ação que ele prescreve, eles não falharão.

## DIANTE DA LEITURA, RESPONDA:

1. Que fichas caem?

## 2. Que decisões você toma?

# CAPÍTULO 16

# ALGUMAS PRECAUÇÕES E OBSERVAÇÕES FINAIS

Muitas pessoas vão zombar da ideia de que existe uma ciência exata para ficar rico. Tendo a impressão de que a oferta de riqueza é limitada, eles insistirão que as instituições sociais e governamentais devem ser mudadas antes mesmo que um número considerável de pessoas possa adquirir uma competência. Mas isso não é verdade.

É fato que os governos existentes mantêm as massas na pobreza, mas isso ocorre porque as massas não pensam e agem de maneira certa.

Se as massas começarem a avançar como sugerido neste livro, nem os governos nem os sistemas industriais poderão detê-las; todos os sistemas devem ser modificados para acomodar o movimento para a frente.

Se as pessoas têm a Mente Avançada, têm a fé de que podem se tornar ricas e avançam com o propósito fixo de se tornarem ricas, nada pode mantê-las na pobreza.

Os indivíduos podem entrar no Caminho Certo a qualquer momento e sob qualquer governo e enriquecer; e quando um número considerável de indivíduos o faz sob qualquer governo, eles farão com que o sistema seja modificado de modo que abra caminho para outros.

Quanto mais homens enriquecem no plano competitivo, pior para os outros; quanto mais enriquecer no plano criativo, melhor para os outros.

A salvação econômica das massas só pode ser alcançada fazendo com que um grande número de pessoas pratique o método científico estabelecido neste livro e se torne rico. Elas vão mostrar aos outros o caminho e inspirá-los com o desejo pela vida real, com a fé de que ela pode ser alcançada e com o propósito de conquistá-la.

Por enquanto, porém, basta saber que nem o governo sob o qual você vive nem o sistema capitalista ou competitivo da indústria podem impedi-lo de ficar rico. Quando entrar no plano criativo do pensamento, você se elevará acima de todas essas coisas e se tornará um cidadão de outro reino.

Mas lembre-se de que seu pensamento deve ser mantido no plano criativo; você nunca será traído por um instante para considerar a oferta limitada ou para agir no nível moral da competição.

Sempre que voltar a velhos modos de pensar, corrija-se instantaneamente, pois, quando está na mente competitiva, você perdeu a cooperação da Mente do Todo.

Não gaste tempo planejando como você enfrentará possíveis emergências no futuro, exceto quando as políticas necessárias podem afetar suas ações hoje. Você está preocupado em fazer o trabalho de hoje de maneira perfeitamente bem-sucedida, e não com emergências que podem surgir amanhã; você pode fazê-los quando chegarem.

Não se preocupe com questões sobre como superar os obstáculos que podem surgir em seu horizonte de negócios, a menos que você possa ver claramente que seu curso deve ser alterado hoje para evitá-los.

Não importa quão tremenda uma obstrução possa parecer à distância, você descobrirá que, se continuar no Caminho Certo, ela desaparecerá à medida que você se aproximar ou que um caminho além, ou ao redor, aparecerá.

Nenhuma combinação possível de circunstâncias pode derrotar um homem ou uma mulher que está ficando rico ao seguir linhas estritamente científicas. Nenhum homem ou mulher que obedeça à lei pode deixar de enriquecer, assim como não se pode multiplicar dois por dois e não obter quatro.

Não pense com ansiedade em possíveis desastres, obstáculos, pânico ou combinações desfavoráveis de circunstâncias; há tempo suficiente para enfrentar tais coisas quando elas se apresentarem diante de você no presente imediato, e você descobrirá que toda dificuldade traz consigo os meios para a superação.

Guarde seu discurso. Nunca fale de si mesmo, de seus assuntos ou de qualquer outra coisa de forma desanimada ou desanimadora.

Nunca admita a possibilidade de fracasso, ou fale de uma forma que infere o fracasso como uma possibilidade.

Nunca fale dos tempos como sendo difíceis ou das condições de negócios como sendo duvidosas. Os tempos podem ser difíceis e os negócios duvidosos para aqueles que estão no plano competitivo, mas nunca poderão ser assim para você; você pode criar o que quiser e está acima do medo.[39]

39. Muitas pessoas vêm a mim e perguntam se suas palavras são adequadas. Minha resposta é muito simples: primeiro é preciso entender que toda palavra é, na verdade, uma profecia autorrealizável. E não sou eu quem avalia se suas palavras são boas ou más, mas sim a vida que essas pessoas têm levado. "Como assim?", essas pessoas costumam perguntar. Ora, seu casamento é igual às palavras que você diz sobre ele. Sua vida financeira é igual a suas palavras sobre ela. Seu lar e seu trabalho são iguais e proporcionais ao que sai de sua boca. Acredite, sua vida é igual à média das palavras por você proferidas. Então, se você deseja saber se suas palavras são adequadas e benéficas, olhe para a vida que tem levado e assim terá a resposta.

Quando os outros estão passando por momentos difíceis e negócios ruins, você encontrará suas maiores oportunidades.[40]

Treine-se para pensar e olhar para o mundo como algo que está se tornando, que está crescendo e considerar o mal aparente como apenas aquilo que não está desenvolvido. Sempre fale em termos de avanço; fazer o contrário é negar sua fé, e negar sua fé é perdê-la.

Nunca se permita sentir-se desapontado. Você pode esperar ter determinada coisa em determinado momento e não obtê-lo naquele momento; e isso lhe parecerá um fracasso, mas, se você se apegar à sua fé, descobrirá que o fracasso é apenas aparente.

Continue da maneira certa; se você não receber o que deseja, receberá algo muito melhor e verá que o aparente fracasso foi realmente um grande sucesso.

Um estudante dessa ciência tinha decidido fazer uma combinação de negócios que lhe parecia muito desejável na época, então ele trabalhou por algumas semanas para realizá-la. Quando chegou o momento crucial, a coisa falhou de maneira perfeitamente inexplicável; era como se alguma influência invisível estivesse

40. Gostaria de lhe passar uma visão real do que estamos vivendo hoje: essa, possivelmente, é a pior crise dos últimos 25 ou 30 anos, e é necessário que você entenda a gravidade disso. Essa crise já chegou, mas ela não é para todo mundo. Para superar esse momento, é necessário possuir três elementos: capital intelectual, capital emocional e capital financeiro. Alguns cientistas dizem que se você tiver apenas um desses três fatores, você não sobrevive. Com dois desses capitais você sobrevive, com risco. Mas se manter os três capitais, você ganha dinheiro na crise.

trabalhando secretamente contra ele. Ele não ficou desapontado; pelo contrário, ele agradeceu a Deus por seu desejo ter sido anulado e continuou com uma mente agradecida. Em poucas semanas surgiu uma oportunidade tão melhor que ele não teria feito o primeiro negócio de forma alguma; e ele viu que uma Mente que sabia mais que ele o impediu de perder o bem maior ao se enredar com o menor.

É assim que todo fracasso aparente funcionará para você, se você mantiver sua fé, se apegar ao seu propósito, tiver gratidão e fizer todos os dias tudo o que puder naquele dia, realizando cada ato separado de maneira bem-sucedida.

Quando você falha, é porque não pediu o suficiente; siga em frente e uma coisa maior do que você estava procurando certamente virá até você. Lembre-se disso.

Você não falhará porque lhe falta o talento necessário para fazer o que deseja. Se continuar seguindo minhas orientações, você desenvolverá todo o talento necessário para fazer seu trabalho.

Não está no escopo deste livro lidar com a ciência do cultivo do talento, mas isso é tão certo e simples quanto o processo de ficar rico.

No entanto, não hesite ou vacile por medo de que, quando chegar a determinado lugar, você possa falhar por falta de habilidade; siga em frente, e, quando você chegar a esse lugar, a habilidade será concedida a você. A mesma fonte de habilidade que permitiu ao iletrado Lincoln fazer o maior trabalho no governo já realizado por um único homem está disponível para você; você pode recorrer a toda a mente que houver para a sabedoria usar no cumprimento das responsabilidades que lhe são impostas. Siga em plena fé.

Estude este livro. Faça dele seu companheiro constante até que você domine todas as ideias contidas nele. Enquanto você estiver firmemente estabelecido nessa fé, fará bem em desistir da maioria das recreações e dos prazeres e ficar longe de lugares onde ideias conflitantes com estas sejam apresentadas em palestras ou sermões. Não leia livros pessimistas ou conflitantes, nem entre em discussões sobre o assunto. Faça pouca leitura, a menos que sejam os escritores mencionados no Prefácio. Passe a maior parte de seu tempo de lazer contemplando sua visão, cultivando a gratidão e lendo este livro. Ele contém tudo o que você precisa saber sobre a ciência de ficar rico; e você encontrará todos os fundamentos resumidos no capítulo seguinte.

## DIANTE DA LEITURA, RESPONDA:

1. Que fichas caem?

## 2. Que decisões você toma?

CAPÍTULO 17

# RESUMO DA CIÊNCIA DE FICAR RICO

Há uma matéria pensante da qual todas as coisas são feitas e que, em seu estado original, permeia, penetra e preenche os interespaços do universo.

Um pensamento nessa Substância produz a coisa que é imaginada pelo pensamento.

O homem pode formar coisas em seu pensamento e, imprimindo seu pensamento sobre a Substância Disforme, pode fazer com que a coisa em que ele pensa seja criada.

Para fazer isso, o homem deve passar da mente competitiva para a criativa; caso contrário, ele não pode estar em harmonia com a Inteligência Disforme, que é sempre criativa e nunca competitiva em espírito.

O homem pode entrar em plena harmonia com a Substância Disforme, alimentando uma gratidão viva e sincera pelas bênçãos que ela lhe concede. A gratidão unifica a mente do homem com a inteligência da Substância, de modo que os pensamentos do homem são recebidos pelo Disforme. O homem só pode permanecer no plano criativo unindo-se à Inteligência Disforme por meio de um profundo e contínuo sentimento de gratidão.

O homem deve formar uma imagem mental clara e definida das coisas que deseja ter, fazer ou tornar-se; e ele deve manter essa imagem mental em seus pensamentos, enquanto é profundamente grato ao Supremo por todos os seus desejos serem concedidos a ele. O homem que deseja ficar rico deve utilizar as horas de lazer contemplando sua visão e em fervorosa ação de graças que a realidade está sendo dada a ele. Não se pode enfatizar demais a importância da contemplação frequente da imagem mental, juntamente com fé inabalável e gratidão devota. Este é o processo pelo qual a impressão é dada ao Disforme e as forças criativas postas em movimento.

A energia criativa funciona por meio dos canais estabelecidos de crescimento natural e da ordem industrial e social. Tudo o que está incluído em sua imagem mental certamente será levado ao homem que segue as instruções dadas anteriormente e cuja fé não vacila. O que ele quer chegará a ele por intermédio dos meios de comércio e comércio estabelecidos.

A fim de receber o seu quando chegar a ele, o homem deve ser ativo; e essa atividade só pode consistir em mais do que ocupar seu lugar atual. Ele deve ter em mente o Propósito de enriquecer por meio da realização de sua imagem mental e deve fazer todos os dias tudo o que puder naquele dia, atentando para executar cada ato com sucesso.

Ele deve dar a cada homem um valor de uso superior ao valor em dinheiro que recebe, de modo que cada transação traga mais vida; e deve manter o Pensamento Avançado de tal maneira que a impressão de prosperidade seja comunicada a todos com quem entrar em contato.

Os homens e as mulheres que praticarem as instruções anteriores certamente ficarão ricos; e as riquezas serão na exata proporção da definição de sua visão, na firmeza de seu propósito e de sua fé e na profundidade de sua gratidão.

Este livro foi impresso pela gráfica Rettec em papel lux cream 70g
em fevereiro de 2024.